区块链技术
在供应链金融中的应用研究

杜连雄　王祥兵　梁穗东 ◎ 著

暨南大学出版社
JINAN UNIVERSITY PRESS

中国·广州

图书在版编目（CIP）数据

区块链技术在供应链金融中的应用研究/杜连雄，王祥兵，梁穗东著. —广州：暨南大学出版社，2024.4

ISBN 978 - 7 - 5668 - 3748 - 6

Ⅰ.①区…　Ⅱ.①杜…　②王…　③梁…　Ⅲ.①区块链技术—应用—供应链管理—金融业务—研究　Ⅳ.①F252.2 - 39

中国国家版本馆 CIP 数据核字（2023）第 131285 号

区块链技术在供应链金融中的应用研究

QUKUAILIAN JISHU ZAI GONGYINGLIAN JINRONG ZHONG DE YINGYONG YANJIU

著　者：杜连雄　王祥兵　梁穗东
···

出 版 人：阳　翼
统　　筹：黄文科
责任编辑：高　婷　张馨予
责任校对：孙劭贤　潘舒凡
责任印制：周一丹　郑玉婷

出版发行：暨南大学出版社（511443）
电　　话：总编室（8620）31105261
　　　　　营销部（8620）37331682　37331689
传　　真：（8620）31105289（办公室）　37331684（营销部）
网　　址：http://www.jnupress.com
排　　版：广州尚文数码科技有限公司
印　　刷：佛山市浩文彩色印刷有限公司
开　　本：787mm×1092mm　1/16
印　　张：13
字　　数：230 千
版　　次：2024 年 4 月第 1 版
印　　次：2024 年 4 月第 1 次
定　　价：58.00 元

（暨大版图书如有印装质量问题，请与出版社总编室联系调换）

区块链已成为我国金融科技领域非常热门的概念，越来越多的科技从业者加入区块链的学习、研究和实践中来。在中国经济转型发展的关键阶段，供应链金融也同步进入转型的深水区。供应链金融服务在区块链技术的支持下，其可及、可信、便捷、安全等特征更加凸显。

区块链技术在金融商业应用层面表现出旺盛的生命力和基础应用潜力。本书基于当前供应链金融业务的发展现状，通过深入阐明区块链技术的原理和特点，针对现有供应链金融业务的不足，构建了区块链技术在供应链金融中的应用模型。

本书分为八章。第一章介绍了区块链的基本概念与区块链技术；第二章对区块链的市场风险和产业发展进行了分析；第三章分析了区块链技术在金融领域中的运用；第四章概述了新经济下的供应链金融，并且指出中国供应链金融行业存在的问题；第五章阐述了供应链金融在政府招商领域中的应用；第六章对供应链金融行业的前景进行了分析，提出了中国供应链金融行业的发展对策；第七章研究了区块链技术在供应链金融领域中的应用，对区块链技术更好地服务于供应链金融提出了针对性的建议；第八章构建了循环产业供应链生态圈模型。

由于笔者水平有限，不足和疏漏之处在所难免，恳请同行、专家和读者批评指正。

杜连雄

2024 年 1 月

CONTENTS　　　　　　　　　　　　**目　录**

第一章 │区块链技术│

第一节　区块链技术的概念与特点

区块链技术是一种去中心化的分布式账本技术，它通过将数据记录在一个由多个节点组成的区块链网络中，实现了去中心化的数据共享和交易验证。而在发表于《经济学人》杂志的《信任机器：区块链背后的技术》一文中，区块链被定义为"一种共享的，可信的，公共的账本，任何人都可以检查该账本，但没有单个用户可以控制它（is a shared, trusted, public ledger that everyone can inspect, but which no single user controls）"。当谈论区块链技术时，可以从多个角度来解释其概念。以下是从技术、经济和社会角度对区块链技术进行说明：

技术角度：区块链是一种分布式账本技术，通过将数据记录在一个由多个节点组成的网络中，实现去中心化的数据共享和交易验证。它使用密码学算法、哈希函数和共识机制来保护数据的安全性与完整性，确保数据的不可篡改性。区块链技术使用链式结构将交易记录连接在一起，并使用区块链的共识算法来验证和确认交易的有效性。每个节点都有完整的账本副本，并通过共识达成一致，将新的交易添加到区块链中。

经济角度：区块链技术具有去中心化、透明性和安全性等特点，可以降低信任成本、提高交易效率、加强信息共享和合作，从而为经济系统带来许多好处。它可以消除中间商、减少交易摩擦和降低交易成本，为个体之间的直接交易提供便利。区块链技术还为新型经济模式和商业模式的创新提供了可能，例如去中心化金融、智能合约和供应链金融等。

社会角度：区块链技术的出现对社会结构和行为产生了深远影响。它提供了更加公平、透明和可信的交易环境，减少了信息不对称和欺诈的可能性，增强了社会信任。区块链技术还赋予个体更多掌控权，使其能够更好地管理和控制自己的数据与资产。此外，区块链技术还为社会创新提供了新的渠道，例如数字身份、公共管理和社会援助等领域。

综上所述，区块链技术是一种创新技术，基于去中心化、透明性和安全性等特点，为各个领域带来了许多机会和挑战。区块链技术的主要特点包括：

（1）去中心化：区块链技术是一种去中心化的技术，没有中心化的管理机构或控制者。数据和交易记录分散存储在网络的各个节点上，没有单一的控制点，提高了系统的安全性和可靠性。

（2）透明性：区块链技术的交易记录是公开可查的，任何人都可以查看和验证交易的发生与内容。这种透明性可以促进信任和合作，减少了信息不对称的问题。

（3）安全性：区块链技术使用密码学算法保护数据的安全性，确保只有授权的用户可以对数据进行访问和操作。同时，由于数据存储在多个节点上，即使部分节点受到攻击或出现故障，系统仍然可以正常运行。

（4）分布式账本：区块链技术使用分布式账本来记录数据和交易信息，每个节点都有完整的账本副本。当有新的交易发生时，网络中的节点会通过共识机制达成一致，并将交易记录添加到区块链中，确保数据的不可篡改性和透明性。

（5）不可篡改性：区块链技术使用密码学算法和哈希函数来保护数据的安全性与完整性。一旦数据被记录在区块链上，就很难被篡改或删除，因为任何的修改都会影响到后续区块的哈希值，从而被网络中的其他节点所检测到。

（6）快速的交易确认：区块链技术通过共识机制来确认交易，并将交易添加到区块链中。这种机制可以在短时间内完成交易确认，提高交易的效率和速度。

总之，区块链技术基于去中心化、透明性、安全性、分布式账本、不可篡改性、快速的交易确认等特点，为各个行业提供了一种新的解决方案，改变了传统的数据管理和交易方式。

第二节　区块链技术的基本原理与工作机制

区块链技术的基本原理和工作机制涉及分布式网络、共识机制、区块链结构、加密算法和哈希函数等方面。这些机制和技术的相互作用使得区块链技术能够实现去中心化的数据共享和交易验证，并保证数据的安全性和不可篡改性。从技术角度分析，区块链拥有 P2P（Peer-to-Peer）网络技术、非对称加密技术两种核心技术。

（1）P2P 网络技术的主要作用是将区块链中的所有节点连接到一起，有研究人员将其描述为对等网络，很多媒体将其称为"点对点""端对端"网络，是基于互联网的连接网络。在 P2P 网络中，所有节点都是联通的。

（2）非对称加密技术主要有两种：一种是公钥（Public Key）；另一种是私钥（Private Key）。实际上，非对称加密技术是一种密码学方法，它通过两个相关联的密钥来加密和解密数据。公钥和私钥是一对密钥，它们以数学上的特定方式相关联，使得使用公钥加密的数据只能使用私钥解密，反之亦然。这种关联关系称为数学上的数论问题，例如大素数分解或离散对数问题。

公钥是公开的，可以被任何人获得和使用。它用于加密数据，只有持有相应私钥的人才能解密被加密的数据。因此，公钥可以被广泛分发，用于加密通信、数字签名和身份验证等。私钥是保密的，只有私钥的持有者可以访问和使用它。私钥用于解密由公钥加密的数据，以及生成数字签名。私钥必须严格保护，确保只有授权的人可以使用它，否则可能导致数据的泄露或伪造。可以广泛采用的非对称加密算法包括 RSA、Elgamal、背包算法、Rabin、D–H、ECC 等。

区块链技术的基本原理和工作机制可以从以下四个方面进行描述：

（1）分布式网络：区块链技术基于一个由多个节点组成的分布式网络。这些节点通过互联网连接在一起，并共享同一个账本副本。每个节点都有完整的账本副本，并通过点对点通信来传输数据和交易。

（2）共识机制：为了保证区块链网络中的节点能够达成一致，需要使用共识机制来决定哪些交易可以被添加到区块链中。共识机制的目标是确保网络中的节点在没有集中的管理者的情况下达成一致，并保证数据的一致性和安全性。常见的共识机制包括工作量证明（Proof of Work，PoW）、权益证明（Proof of Stake，PoS）和权威共识（Proof of Authority，PoA）等。

（3）区块链结构：区块链技术使用链式结构来组织和存储交易记录。每个区块都包含了一批交易记录和一个指向前一个区块的指针，以此形成一个不可篡改的链条。当有新的交易发生时，网络中的节点会进行验证，然后将交易打包成一个新的区块，并通过共识机制将其添加到区块链的末尾。

（4）加密算法和哈希函数：为了保护数据的安全性和完整性，区块链技术使用了加密算法和哈希函数。加密算法用于对交易和数据进行加密，确保只有授权的用户可以访问和操作数据。哈希函数用于生成交易和区块的唯一标识，确保数据的不可篡改性。任何对数据的修改都会影响后续区块的哈希值，从而被网络中的其他节点检测到。

一、分布式网络和共识机制

在区块链技术中，分布式网络是指由多个节点组成的网络，这些节点通过互联网连接在一起，共同参与区块链网络的运行和维护。每个节点都维护着完整的区块链副本，并通过点对点通信协议来传输数据和交易。这种分布式网络的设计有以下几个特点：

（1）去中心化：区块链网络是去中心化的，没有中心化的控制机构或服务器。所有的节点都是平等的，并且没有一个单一的实体能够控制整个网络。这意味着区块链网络具有高度的鲁棒性和抗攻击性。

（2）数据共享：区块链网络中的每个节点都存储了完整的区块链数据，包括所有的交易记录。因此，节点之间可以通过互相交换数据来实现数据的共享和同步，确保所有节点的账本副本是一致的。

（3）数据验证：区块链网络中的节点通过验证交易和区块的有效性来确保数据的一致性与安全性。每个节点都可以对收到的交易和区块进行验证，以确保交易符合规则，并且没有被篡改或伪造。

（4）共识机制：为了保证节点在分布式网络中达成一致，区块链技术使用了共识机制。共识机制是一种决策规则，用于确定哪些交易可以被添加到区块链中。常见的共识机制包括工作量证明、权益证明和权威共识等。

通过分布式网络的设计，区块链技术能够实现去中心化的数据共享和交易验证。每个节点都可以参与到区块链网络中，保证了数据的安全性和不可篡改性，并且提供了更高的可靠性和鲁棒性。

在区块链技术中，共识机制是用于确定哪些交易可以被添加到区块链中的一种决策规则。它的作用是确保在分布式网络中所有节点的账本副本是一致的，并防止恶意行为，如双花攻击。以下是一些常见的区块链共识机制：

（1）工作量证明：PoW 是最早被比特币采用的共识机制。它要求节点通过解决复杂的数学难题来竞争生成新的区块，并获得相应的奖励。解决这个难题需要大量的计算能力，因此参与者被称为矿工。PoW 机制确保了网络的安全性，但其能耗高、效率低下，因此出现了一些替代方案。

（2）权益证明：PoS 是一种基于参与者持有的代币数量来确定其权益和参与度的共识机制。根据持有的代币数量，参与者有机会被选中来生成新的区块。PoS 机制能够提高能源效率，但也可能导致富者愈富的情况。

（3）权威共识：PoA 是一种基于特定节点的身份认证来决定谁有权生成新的区块的共识机制。这些特定节点被授权为区块生成者，它们通过签署区块来确保网络的安全性和一致性。PoA 适用于私有链或联盟链，其中参与者已经被认可为可信的。

（4）实用性证明：PoPr 是一种新提出的共识机制，旨在通过参与节点的实际行为来确定其可信度。参与者需要提供有关自己在网络中的行为和贡献的证据，以获得权益和参与权。

这些共识机制有各自的特点和适用范围，选择哪种共识机制取决于具体的应用场景和需求。不同的共识机制会对区块链的性能、安全性和去中心化程度产生影响。因此，选择适合的共识机制是区块链设计的重要决策之一。

二、区块链技术中的区块链结构

在区块链技术中，区块链结构是指由多个区块组成的链式数据结构。每个区块包含一组交易记录和其他元数据，并通过哈希值链接到前一个区块，从而形成一个不可篡改的链式结构。下面是区块链结构的主要组成部分：

（1）区块：区块是区块链中的基本单位，它包含了一组被验证和打包的交易记录。每个区块都有一个唯一的标识符（通常是哈希值），用于将其与其他区块区分开来。区块还包含了一些元数据，如时间戳、前一区块的哈希值、随机数（用于共识机制）等。

（2）链式结构：每个区块通过哈希值链接到前一个区块，形成一个链式结构。这种链接确保了区块链的完整性和安全性，因为对一个区块的任何篡改都会导致其哈希值发生变化，从而破坏整个区块链的一致性。

（3）交易记录：每个区块包含一组经过验证和打包的交易记录。这些交易记录描述了参与者之间的资产转移、合约执行等操作。通过将交易记录打包到区块中，区块链可以保证交易的顺序和连续性。

（4）元数据：除了交易记录之外，每个区块还包含一些元数据，用于描述和管理区块链的运行。例如，时间戳用于记录区块的生成时间，前一区块的哈希值用于链接到链中的前一个区块，随机数用于一些共识机制（如 PoW）中的工作量证明。

总体而言，区块链结构是一种分布式、去中心化的数据结构，它通过链接和验证区块中的交易记录来确保数据的安全性与一致性。这种结构使得区块链具有高度的透明性、防篡改性和可靠性，适用于各种场景，如数字货币、供应链管理、投票系统等。

三、区块链技术中的加密算法和哈希函数

区块链技术中的加密算法和哈希函数是确保数据安全性与完整性的重要组成部分。下面对加密算法和哈希函数在区块链技术中的应用作简要说明：

（1）加密算法：加密算法在区块链技术中用于保护数据的机密性和身份验证。常用的加密算法包括对称加密算法和非对称加密算法。

对称加密算法：对称加密算法使用相同的密钥进行加密和解密操作。发送方和接收方必须共享同一个密钥。在区块链中，对称加密算法常用于加密交易数据等敏感信息。

非对称加密算法：非对称加密算法使用一对密钥，即公钥和私钥。公钥用于加密数据，私钥用于解密数据。在区块链中，非对称加密算法常用于身份验证和数字签名等操作，确保只有私钥持有者能够对数据进行解密或签名。

（2）哈希函数：哈希函数在区块链技术中广泛应用于确保数据的完整性和唯一性。哈希函数是一种将任意长度的数据映射为固定长度哈希值的算法。常见的哈希函数包括 SHA – 256（Secure Hash Algorithm 256 – bit）和 MD5（Message Digest Algorithm 5）等。

（1）SHA – 256：SHA – 256 是一种广泛应用于区块链技术的哈希函数。它将输入数据映射为 256 位的哈希值。SHA – 256 具有高度的不可逆性和唯一性，即使输入数据发生微小的更改，也会导致输出完全不同的哈希值。

（2）MD5：MD5 是一种较早的哈希函数，将输入数据映射为 128 位的哈

希值。然而，由于 MD5 存在安全性方面的弱点，如碰撞攻击，因此不推荐在安全关键领域使用，包括区块链技术。

在区块链中，哈希函数常用于计算数据块的哈希值，如区块头的哈希值和交易的哈希值。通过对比哈希值，可以验证数据是否被篡改，从而确保数据的完整性和可信性。需要注意的是，加密算法和哈希函数在区块链技术中起着重要的作用，但安全性不仅依赖于它们本身的强度，还取决于密钥管理、加密算法的正确使用和系统的整体安全性等因素。

第三节　区块链的三大分类

从结构和对象上来看，区块链技术可以分为三大主要类别：公有链（公共链）、私有链（许可链）和联盟链（联合链）。

一、公有链（公共链）

公有链（Public Blockchain）是最广为人知和典型的区块链类型，指的是对所有人公开，每个人都有权参与的区块链系统。进一步说，公有链是指全世界任何人都可以参与信息的读取、记录、传播、储存和验证，并最终达成全民共识的区块链结构。公有链是完全去中心化的架构，是最符合区块链技术本质精神的架构。公有链的典型例子是比特币（Bitcoin）和以太坊（Ethereum）等。

从细节角度分析，公有链的特征有：一是确保公有链中的用户不会受到开发者的约束，系统预先由开发者设定，用户只能利用这个系统参与信息的记录、传播等，但不能对系统本身进行修改和重新设定，这很好地保证了系统的稳定性和中立性。二是人人皆可参与，这为区块链走进千家万户、走向民间应用奠定了良好的基础。三是在不暴露隐私的情况下，让数据和信息实现最大化公开。在当前的中心化架构中，隐私泄露严重与数据公开程度不高两大问题并存，而公有链可以解决以上问题。

在应用方面，公有链最为著名的表现形式是比特币，其次是以太坊、超级账本、大多数山寨币等应用。以以太坊为例，它是一个开源的区块链平台，更确切地说，是可编程的区块链，允许任何人基于其代码构建去中心化的复杂应用。

二、私有链（许可链）

私有链（Private Blockchain）是一种受限制的区块链网络，只有特定的组织或实体被允许参与其中。私有链通常由一组组织或实体共同管理和维护，参与者需要经过身份验证才能加入网络。私有链的数据和交易可以被限制或保护起来，只有授权的参与者才能访问和验证。私有链常用于企业间协作、供应链管理和内部业务流程等场景。

相比于公有链，私有链在商业上更具应用前景：一是交易速度更快，交易成本更低，这主要得益于私有链的封闭性，减少了很多节点，使得达成交易验证和共识的时间大为缩短，时间成本减少、交易流程简化。二是更大程度地保护隐私，公有链通过加密算法来保护隐私，但私有链在加密算法之外另加了一层保护，即"圈子"，没有进入这个圈子的人根本无法接触到这些信息，因此私有链对信息有双层保护。对于外溢性较强的金融、互联网等行业来说，私有链无疑具有更大的吸引力。

三、联盟链（联合链）

联盟链（Consortium Blockchain）是一种由若干组织或实体共同管理和维护的区块链网络。联盟链的参与者需要经过授权才能加入，并共同参与网络的管理和决策。与私有链类似，联盟链可以限制数据和交易的可见性，使得只有授权的参与者才能查看和验证。在实际的操作过程中，联盟链通常是在一些群体内部拟定多个预备网络节点，并将其当成记账主体，区块的生产、验证都由这些预选主体共同决定。联盟链常用于特定行业或组织之间的合作，例如银行间的结算系统或供应链管理。

联盟链架构下，区块信息对外公开，任何人都有权参阅和交易，信息的真实性可以得到更好的监督，可以解决去中心化下的信任问题。同时，联盟链还最大化地保留了私有链的相关优点，通过预选相关节点作为验证主体，使得新区块的生产不需要通过所有节点，大大提高了交易效率。

在应用方面，联盟链的使用最为普遍。无论是 R3 联盟还是超级账本项目，都在积极开发联盟链项目。从目前来看，联盟链或许是巨头们最为青睐的一种架构。

四、区块链之间的区别

上述的按照结构和对象的分类更准确地描述了区块链技术的不同类型。实践中，到底应该采用何种类型的区块链，业内外人士观点不一，争议较多。公有链强调去中心化、开放性和透明性，私有链和联盟链注重参与者的限制和数据保护。选择哪种区块链类型取决于具体需求和应用场景，以满足安全性、可扩展性和隐私性等方面的要求。区块链之间存在的区别主要表现在以下几个方面：

结构和参与者：区块链的结构和参与者可以有所不同。公有链是开放的、去中心化的网络，任何人都可以参与其中，并查看和验证区块链的交易和状态。私有链和联盟链则是受限制的网络，只有特定的组织或实体被允许参与其中。私有链通常由一组组织或实体共同管理和维护，而联盟链则由若干组织或实体共同管理和维护。

许可和权限：区块链的许可和权限也有所不同。公有链是无许可的，任何人都可以参与其中，而且无须特殊许可或授权。私有链和联盟链是需要许可的，参与者需要经过身份验证或授权才能加入网络。在私有链和联盟链中，参与者可以被限制，并且需要满足特定的条件才能参与和操作网络。

数据可见性和隐私性：区块链的数据可见性和隐私性也有所差异。公有链的数据和交易是公开透明的，任何人都可以查看和验证区块链的完整性。私有链和联盟链可以限制数据和交易的可见性，使得只有授权的参与者能够查看和验证。这种限制可以提供更高的隐私保护，适用于处理敏感业务数据的场景。

共识机制：区块链的共识机制也可能不同。公有链常用的共识机制包括工作量证明和权益证明等。私有链和联盟链可以采用不同的共识机制，例如拜占庭容错（BFT）机制、投票机制或委员会共识等。共识机制的选择会影响区块链的性能、可扩展性和安全性。

应用场景和目标：区块链的应用场景和目标也有所差异。公有链常用于去中心化的数字货币、智能合约和开放式应用平台等场景。私有链和联盟链常用于企业间协作、供应链管理、身份验证和内部业务流程等场景，其中的参与者需要更高的控制和信任。

从整体角度分析，不管是公有链、私有链，还是联盟链，都属于区块链技术的一部分，而技术仅仅是一种工具，如何在不同的场景中应用好不同的工具才是技术进步的关键。因此，综合来看，公有链、私有链与联盟链三种模式并无优劣之分（见表1-1），主要在于应用场景的不同。

表1-1 公有链、私有链与联盟链之间的区别

项目	公有链	私有链	联盟链
中心化程度	去中心	单一中心	多中心
交易成本	10分钟	很快（秒级）	较快
隐私保护程度	低	高	较高
应用扩展性	低	高	一般
适用领域	广泛应用于支付、金融资产交易、存在性证明等	公司、政府内部审计和测试，政府主导的产权登记等	银行或国家清算、结算

第四节 区块链的发展历程

区块链的发展历程可以追溯到比特币的出现，以下是区块链的关键里程碑和发展阶段：

（1）2008年比特币的白皮书发布。在2008年，中本聪（Satoshi Nakamoto）发布了名为《比特币：一种点对点的电子现金系统》的白皮书。该白皮书描述了一种去中心化的电子现金系统，被认为是区块链技术的起源。

（2）2009年比特币的启动。2009年，比特币网络正式启动，第一个比特币区块诞生。比特币作为第一个成功的区块链应用，引发了人们对区块链技术的广泛关注。

（3）2013年以太坊的提出。以太坊是由Vitalik Buterin在2013年提出的区块链平台。以太坊引入了智能合约的概念，允许在区块链上执行可编程的逻辑。这使得区块链不仅仅用于数字货币，还可支持更广泛的分布式应用开发。

（4）2015年公有链和私有链的兴起。随着比特币和以太坊的发展，公有

链和私有链的概念开始出现。公有链是开放的、去中心化的网络，任何人都可以参与其中。私有链则是受限制的网络，只有特定组织或实体可以参与。

（5）2016年联盟链的提出。联盟链（联合链）的概念在2016年逐渐被提出。联盟链是一种由若干组织或实体共同管理和维护的区块链网络。联盟链的参与者需要经过授权才能加入，并共同参与网络的管理和决策。

（6）2017年ICO热潮和区块链应用扩展。2017年是区块链行业爆发的一年。首次代币发行（Initial Coin Offering，ICO）成为一种融资方式，使得很多区块链创业公司得到了资金支持。此外，各种区块链应用如供应链管理、身份验证、物联网等领域开始出现。

（7）2018年区块链的商业应用拓展和调整。在2018年，区块链技术逐渐进入商业应用阶段。许多企业开始探索区块链技术在供应链、金融、保险、医疗等领域的应用，并进行了实际的试点和部署。

（8）2020年及以后：区块链的进一步发展与创新。进入2020年以后，区块链技术继续发展和创新。许多国家和机构开始关注区块链的潜力，并积极推动相关政策和研究。同时，新的区块链平台和协议不断涌现，以满足更高的性能、隐私保护和可扩展性需求。

区块链技术的发展历程充满了创新和实践，它逐渐从比特币的应用扩展到更多领域，并不断演进和改进，为数字经济和分布式应用提供了新的范式。

比特币交易系统的飞速发展推动了区块链技术的流行。从狭义角度分析，区块链是以时间为依据，按照顺序相连的方法把数据区块连接起来，形成一个链式数据架构，并以密码学的方式保证数据在传输过程和访问过程中的私密性安全，从而最终形成不可篡改和伪造的分布式账本。它提供了一种采用共享数字"分享账本"来追踪商品或交易的途径。新增的交易区块将附加在该链尾部，加在它上面的加密钥匙保证了区块链始终无法被攻破。

从广义角度分析，区块链技术是借助块链式数据架构来检查记录数据信息，借助分布式节点共识算法得出或者同步数据，借助密码学原理维护数据传输、数据查询中的安全，借助智能合约进行编程与操作，这是一种前所未有的分布式基础架构和计算模式。

目前，人们对区块链技术的前景充满期待，各个大型机构和科研小组都对其进行了不同的预测。区块链技术与现有技术进行了意想不到的独创性组合，从而创造了以前从未实现过的应用场景和商业模式。

区块链技术的发展可以分为几个不同的阶段，与比特币的理论和实践相对应。第一阶段可以称为区块链1.0，主要关注虚拟数字货币的发展。第二阶段是区块链2.0，代表着智能合约的出现。第三阶段是区块链3.0，意味着具体应用场景的实现。一般认为，比特币应用可以被看作区块链1.0的代表。而以太坊则被视为区块链2.0的代表，因为它引入了智能合约的概念。而区块链3.0则被认为超越了货币和资产的公正、效率和协同性。

随着对区块链技术在各个应用场景的深入研究，人们逐渐认识到，基于智能合约和去中心化应用（DApp）的区块链2.0已无法满足不同行业应用的需求。人们通过基于区块链的分布式协作模式，对组织、公司和社会等多种运转形态有了更深入的理解，并相信区块链将广泛而深刻地改变人们的生活方式。因此，学术界提出了区块链3.0的概念。区块链技术对各类货币市场、支付系统、金融服务和经济形态产生了巨大影响，并有可能给整个金融行业带来革新。以下是区块链3.0可能应用的几个方面：

量子级别管理：利用区块链技术协调人类和机器的活动，以最有效、最直接、最自然的方式进行运作。

自动化大数据预测：将区块链与大数据相连接，能够实现自动化运行大量任务的智能合约的经济性。

公证和知识产权保护：利用区块链的哈希散列和时间戳功能提供存证取证、数字资产证明和知识产权证明等应用。

大规模决策协作：利用区块链技术在全国乃至全球范围内实现信息和决策的高精度一致性协作。

大规模计算协作：利用区块链技术在全国乃至全球范围内实现资源收集、计算奖励和协作组织的一致性，可以预见的应用案例包括将区块链技术应用于 SETI@ home 和 Folding@ home 等项目中。

区块链3.0的发展突破了传统的经济和市场范畴，为公正、高效和协作的应用开辟了新的可能性。

第二章 │ 区块链市场风险与产业分析 │

现代商业的典型模式为，交易方借助协商探讨、执行合约两种形式达成交易目的。区块链的优点就在于通过科学管理合约来保证合约的有序进行。当类型、场景不一样时，区块链的特征和作用也会有所差异。以"摩擦"为切入视角，分析区块链带来的商业变革与价值具有重要意义。[①] 几百年来，全球贸易始终是规模最大、影响力最广的"财富创造者"，但是也衍生了一些贸易摩擦问题，对创造财富产生了一定的不利影响。在技术、金融飞速发展的时代背景下，部分摩擦已经得到缓解甚至根除，但市场摩擦依然存在，区块链技术的巨大潜力可以在缓解各行业交易摩擦方面发挥重要作用。其公开透明的特征有助于建立强大的信任基础，提升交易效率，并促进更多企业和资产参与交易。这将加速资本流动、创造更多财富，并为各行业带来影响深远的变革和机会。

第一节　区块链技术的市场价值

作为分布式账本，区块链具有不可篡改的特性，所有交易都会被永久记录，而拥有相应权限的人可以访问和查阅这些记录，并根据其角色和权限来共享相关信息。这种信息共享模式的转变使得信息传递更加公开和清晰。

区块链改变了信息的所有权模式，信息从被单一的所有者所有转变为在整个资产或交易记录的生命周期中都可以被共享。这种新的模式基于状态的

---

① IBM 商业价值研究院. 全速前进—中国观点 随着区块链，重新思考企业、生态系统和经济模式［R/OL］.（2016 - 11）. https://www.ibm.com/blockchain/cn - zh/assets/pdf/Fast_forward_CHINA_POV.pdf.

信息传递，使得信息呈现更加清晰的形态。区块链技术具有五个属性，这些属性有助于消除交易中的摩擦。

第一，分布式记账方式和匿名性使得交易记录能够实时更新并在所有参与者之间共享。这种去中心化的特性消除了对单一实体的依赖，并通过加密技术和数据分区技术保护用户的隐私。

第二，由于区块链的安全性和不可篡改性，交易行为可以被有效检验，并且一旦交易条件得到确认，就不能随意修改交易信息。

第三，区块链的透明性和可追溯性使得所有参与者都能够访问交易记录，能够实现基于共识的信息存储和交易。

第四，区块链系统依赖于共识机制来验证和记录交易。共识算法根据具体的交易需求进行选择，确保交易能够被系统承认。

第五，区块链技术通过智能合约的机制和灵活性，允许不同业务根据自身需求设计不同的智能合约模式，从而实现更多的自动化和智能化。

随着区块链技术的发展，市场摩擦的减少可能对整个经济格局产生深远影响。降低的交易成本和企业之间的摩擦将为现有企业提供转型的机会。企业可以寻求新的业务结构和运营方式，提高自身的自主运营能力，并建立起基于区块链技术的新业务网络。

区块链推动的资本流动和价值交换也有可能改变市场的运营模式。企业间的合作可以建立在信任度更高的基础上。区块链技术确保每笔交易都被永久记录，并通过智能合约、认证和数字合规系统整合个体交易，从而加强商业合作的信任度。这种信任的建立不需要第三方中介，极大提高了交易效率。

此外，区块链还有能力塑造新的市场关系。例如，利用区块链进行资产注册可以使更多的闲置资产参与数字商务体系，创造更多的价值机会。同时，区块链技术的应用有望提高市场的公平性和公开性，为市场管理提供新的方向。总之，区块链技术的发展将为经济带来巨大的变革和机遇。

第二节　区块链应用中的市场风险与挑战

一、区块链安全风险与挑战

区块链应用中存在着一些安全风险和挑战，这些问题需要得到认真对待和解决，主要包括智能合约漏洞和攻击、51%攻击和共识算法安全、隐私和数据保护等。

智能合约是区块链应用的核心组件，但存在着潜在的漏洞和安全风险。由于智能合约是由代码编写的，编程错误可能导致合约的不安全行为。智能合约漏洞可能会被用户恶意利用，发起重入攻击、溢出攻击和拒绝服务攻击等。此外，由于智能合约的不可变性，一旦合约部署，修复漏洞可能变得非常困难。

区块链网络的共识算法决定了交易的验证和区块的生成方式。然而，某些共识算法存在被攻击的风险。例如，具有较低算力的区块链网络可能受到51%攻击，即攻击者控制了网络算力的51%以上，这样做能够篡改交易记录或双重花费。此外，共识算法的设计缺陷或实现漏洞也可能导致网络的安全风险。

尽管区块链技术以其透明性而闻名，但在某些情况下，隐私和数据保护可能成为挑战。区块链上存储的交易和数据是公开可见的，这可能泄露用户的敏感信息。虽然一些隐私保护技术被提出，如零知识证明和同态加密，但在实际应用中仍存在挑战，包括性能问题、隐私保护方案的可行性和合规性要求等。

解决这些安全风险和挑战需要多方面的努力。开发人员应进行全面的代码审计和安全测试，以减少智能合约漏洞。共识算法的设计应考虑攻击风险，并选择合适的共识算法来提高网络的安全性。此外，隐私保护方案的研究和应用也是至关重要的，以平衡区块链的透明性和用户的隐私需求。最重要的是，区块链社区需要密切合作，共同努力解决这些安全挑战，推动区块链技术的安全发展。

二、区块链可扩展性和性能问题

区块链应用的可扩展性和性能问题是在实际应用中需要面对的挑战。可扩展性是指区块链系统在处理大规模交易和用户增长情况时是否能够保持高效运行。由于每个节点都需要复制和验证所有的交易记录，随着交易数据的增加，区块链的存储和处理需求也会增加。这可能导致网络拥堵、延迟增加以及交易确认时间延长等问题。为了提高可扩展性，解决方案包括分片技术、侧链和链下扩展等，它们可将负载分散到多个节点和链上。

性能问题涉及区块链系统的交易吞吐量和响应时间。由于区块链的共识算法和加密技术的复杂性，以及节点之间的通信延迟，区块链系统的性能可能受到限制。高交易吞吐量和低延迟是许多实际应用中的需求，尤其是在金融和供应链等领域。为了提高性能，可以采用优化的共识算法、改进的网络通信协议以及硬件加速等技术手段。

解决区块链应用的可扩展性和性能问题需要综合考虑多个因素，并根据具体应用场景选择最合适的解决方案。随着技术的不断发展和创新，会有越来越多的方法和工具来解决这些问题，以推动区块链的广泛应用和实际落地。

三、区块链技术的垄断风险

区块链技术在金融领域的应用带来了一系列新的挑战和考验，其中之一是新的垄断风险。在分布式总账系统中，为了确保监管和管理，必然需要一个监管机构的存在。然而，如何避免新的自然垄断的出现成了一个重要问题。

分布式总账系统的魅力在于使用者可以将数据存储到分布式数据库中，而不使数据被任何人所垄断。尽管如此，创建一个规模庞大的系统仍然需要巨大的成本投入，这在一定程度上抵消了成本节约的优势。因此，解决新的垄断风险需要寻找一种平衡，既要确保监管和管理的存在，又要避免一个实体垄断整个分布式总账系统。在分布式总账系统监管方面，实际案例表明监管机构采取了一系列措施。首先，针对加密货币交易所，监管机构制定了反洗钱和市场公平性规定，发布虚拟资产服务提供商监管指南。其次，对于首次代币发行，监管机构要求项目方遵守证券法规定，披露信息并进行监管注册。再次，数字资产托管机构受到监管机构的审查和遵守合规要求，以确保资产安全。此类监管也扩展到运用区块链技术的金融机构中，其中欧洲联合监管机构提供了关于数据隐私和了解客户合规性的指导意见。最后，针对去中心化金融（Decentralized Finance，DeFi），监管机构发布了监管框架以确保透明度和风险管理。

这些实际案例突显了监管机构在分布式总账系统监管中的积极作用。通过规定合规要求、发布指导意见和监管框架，监管机构致力于维护金融市场的稳定、公平和安全，并保护投资者的权益。这些监管措施涵盖了加密货币交易所、首次代币发行、数字资产托管、区块链技术和去中心化金融等多个领域。但是，各国监管机构的政策和立场存在差异，因此在不同地区可能会有不同的监管要求。继续推进监管机构与技术发展之间的互动，可以进一步完善分布式总账系统的监管机制，以应对不断变化的金融创新。这需要在监管机构、金融机构和技术开发者之间建立合作与协调，制定出适合的监管框架，并确保监管机构的独立性和公正性。只有通过合理的监管和规范，才能实现区块链技术在金融领域的可持续发展和广泛应用。确保分布式总账系统中监管机构的独立性和公正性是至关重要的。为实现这一目标，可以采取以下措施：

第一，建立明确的法律法规和监管框架，确保监管机构在分布式总账系统中行使监管权力的合法性和规范性。这些法律法规应规定监管机构的职责、权限和独立地位，并对其行为进行监督和审查。

第二，设立独立的监管机构，确保其与其他政府机构和私营组织保持一定程度的独立性。监管机构的领导层应由经过严格选拔和背景审查的专业人士组成，以避免政治干预和利益冲突。此外，监管机构应具备自主权和独立决策能力，不受外部压力的影响。

第三，确保监管机构的透明度和公开性。监管机构应公开发布监管规则、政策和准则，并向公众和相关利益方提供必要的信息和报告。此外，监管机构应进行定期的审计和评估，以确保其工作的公正性和有效性。

第四，鼓励多方利益相关者的参与。在制定监管政策和规则的过程中，应广泛征求金融机构、技术开发者、学术界和用户等各方的意见和建议。多方参与可以平衡各方利益，防止权力滥用和偏向。

第五，加强国际监管合作和采纳国际标准。与其他国家和地区的监管机构进行信息共享与经验交流；与国际标准化组织合作，制定和采纳国际标准。这有助于确保监管机构在全球范围内具有一致的要求和最佳实践。

第六，建立有效的监督和问责机制。设立独立的监管审计机构或委员会，定期对监管机构进行绩效评估和审查。监管机构应对其决策和行为负责，并接受必要的监督和调查。

通过综合运用上述措施，可以确保监管机构在分布式总账系统中行使监管职责时具有独立性和公正性，从而维护金融市场的稳定和公众信任。

第三节　区块链技术应用产业风险分析

一、区块链应用在供应链管理中的风险分析

在当今全球化的供应链网络中，数据的安全性和完整性是企业与监管机构关注的重点。传统的供应链管理往往面临着数据篡改和泄露等风险，这可能导致信息不准确、欺诈行为和供应链中断等问题。然而，区块链技术作为一种去中心化的分布式账本系统，为解决这些问题提供了一种创新的解决方案。以下是一些与供应链管理相关的风险，以及区块链技术如何应对这些风险：

供应链透明度风险：传统供应链中存在信息不对称和可见性不足的问题，难以准确追踪产品来源和流向。区块链通过提供公开透明的分布式账本，记录和共享供应链中的交易与物流信息，实现供应链的全程可追溯。这有助于减少供应链中的欺诈、假冒和灰色市场等风险。

假冒和伪造风险：供应链中存在假冒和伪造产品的风险，这可能导致品牌声誉受损和消费者安全风险。区块链技术可以通过为每个产品创建唯一的身份标识，并将其记录在区块链上，确保产品的真实性和可追溯性。消费者可以使用区块链来验证产品的来源和真实性，从而减少假冒和伪造风险。

供应链中断风险：供应链中的自然灾害、政治不稳定、交通中断等因素可能导致供应链中断，影响产品的交付和生产。区块链可以记录物流和交易信息，以及供应链参与者的合同和承诺。这使得供应链各方能够更好地预测和管理风险，并采取相应的应对措施。

数据安全和隐私风险：供应链中涉及大量的敏感数据，包括合同、订单、财务信息等。区块链使用加密技术和分布式存储，增加了数据的安全性和防篡改性。同时，区块链还提供了去中心化的身份验证和权限管理机制，确保只有授权人员可以访问和修改特定数据。

总之，在供应链管理中区块链应用可以提供更高的透明度、可追溯性和数据安全性，有助于降低供应链中的各种风险。它为供应链参与者提供了更好的风险分析和管理工具，促进供应链的高效运作和可持续发展。

二、区块链应用在金融交易中的风险分析

区块链应用在金融交易中可以提供一些关键的风险分析和管理优势。以下是一些与金融交易相关的风险，以及区块链技术如何应对这些风险：

安全风险：金融交易中的安全风险包括数据泄露、身份盗窃、欺诈等。区块链使用加密技术和分布式账本，提供了更高的数据安全性和防篡改性。交易记录被永久保存在区块链上，减少了数据篡改的可能性。此外，区块链还提供了去中心化的身份验证机制，降低了身份盗窃和欺诈的风险。

透明度风险：传统金融交易中的透明度问题可能导致信息不对称和欺诈行为。区块链通过提供公开透明的分布式账本，使得交易和资金流动可追溯和可验证。这有助于减少信息不对称和欺诈的风险，增加市场的透明度和信任度。

操作风险：金融交易中的操作风险涉及错误、违规、技术故障等。区块链使用智能合约和自动化执行机制，减少了人为错误和违规行为的可能性。智能合约可以自动执行交易规则和合约条款，提高交易的准确性和可靠性。此外，区块链还具备高度的鲁棒性和容错性，可以应对技术故障和网络中断等问题。

法规合规风险：金融交易必须遵守各种法规和合规要求。区块链技术可以通过内置的合规规则和智能合约，自动执行法规要求，确保交易符合法律法规和合规标准。区块链的不可篡改性和可验证性也有助于监管机构进行审计与调查。

虽然区块链技术在金融交易中有许多潜在的优势，但仍然存在一些风险和挑战。例如，智能合约的安全性和漏洞、标准和互操作性的缺乏，以及监管和法律环境的不确定性等。因此，在实际应用中，需要综合考虑各种因素，并采取相应的措施来管理和减轻风险。

第四节 区块链对广东产业发展的分析

一、区块链的广东产业经济价值

区块链技术对广东产业发展具有潜在的重大价值。自从我国实施改革开放政策以来，广东一直是我国经济发展的领头羊。这个省份以其开放的经济

环境、发达的制造业和强大的外贸体系而闻名。如今，随着全球范围内很多发达国家积极推动区块链技术的发展，广东有机会利用区块链来进一步提升其经济竞争力。

区块链技术可以提高广东制造业的透明度和效率。广东拥有众多的制造企业，其产品涵盖了广泛的领域，包括电子、纺织、家电等。通过将供应链和生产过程纳入区块链，企业可以实现实时跟踪和监控，确保产品质量和安全。这有助于提高广东制造业的声誉，促进出口贸易的增长。

区块链技术可以改善广东的金融体系。广东是中国金融业发展较快的地区之一，但金融风险管理一直是一个挑战。区块链可以提供更加安全、透明和高效的金融交易方式，减少欺诈和风险。这有助于吸引更多的投资者和资金流入广东，促进金融创新和发展。

区块链技术还可以支持广东的跨境贸易。广东的外贸规模巨大，但跨境贸易涉及复杂的清关和支付流程。区块链可以提供去中心化的支付和结算系统，降低交易成本，减少货物流通时间，增加贸易的便捷性和安全性。

总之，区块链技术对广东产业发展具有巨大的潜力。它可以提高制造业的透明度和效率，改善金融体系，支持跨境贸易，进一步巩固广东在中国经济发展中的领先地位。政府、企业和技术机构可以共同努力，推动区块链技术的广泛应用，以实现更加可持续和繁荣的经济发展。

二、广东区域经济发展的优劣势分析

广东作为中国的经济大省，具有独特的优势和一些潜在的劣势。以下是广东区域经济发展的优劣势分析：

(一) 优势

（1）开放的经济环境：广东一直以其对外开放的态度而闻名，作为改革开放的前沿地区之一，吸引了大量国内外投资。这种开放性有利于引入外部资金和技术，推动产业升级和创新。

（2）制造业实力：广东在制造业领域拥有强大的实力，尤其是电子、家电、纺织等领域。广东制造业的发展为其提供了大量的出口机会，使其在国际市场上具有竞争优势。

（3）丰富的人力资源：广东拥有庞大的劳动力资源，吸引了大量外来务工人员和高素质的人才。这有助于满足制造业和服务业的用工需求，促进产业的多样化和发展。

（4）便捷的交通和物流基础设施：广东位于中国南部，拥有发达的港口和物流网络，如广州、深圳和珠海等城市都有现代化的交通基础设施。这有利于加强与国内外市场的联系，降低运输成本。

（二）劣势

（1）资源环境压力：广东是中国经济活动密集的地区之一，面临着资源环境压力。过度的工业化和城市化可能导致环境污染与资源短缺问题，需要更好的环保措施和可持续发展规划。

（2）高成本压力：随着城市化和物价上涨，广东的生活成本和劳动力成本也在上升，这可能对一些低附加值产业构成挑战。需要提高产业附加值和提供更多对技能要求高的工作机会。

（3）竞争激烈：广东经济竞争激烈，与其他省份和国际市场的竞争也很激烈。这需要广东企业不断提高创新和竞争力，以保持领先地位。

（4）贫富差距：尽管广东经济发展强劲，但贫富差距仍然存在，城乡差距也比较显著。政府需要采取措施确保发展的公平性和包容性，以减少社会不平等。

综合来看，广东作为中国的经济引擎，拥有众多优势，广东有望继续在中国的经济发展中发挥重要作用。然而，从整体趋势来看，广东在数字经济、信息技术和软件设计方面的优势相对不太明显，与北京、上海等地区相比还存在差距。

深圳作为广东的代表城市，在拥有高素质技术人才方面拥有一定的竞争优势。然而，与一些国际科技大国如美国、德国等相比，深圳在基础性软件、应用软件和数据库软件等领域的发展水平仍然相对滞后。这显示了在数字经济时代，软件和硬件的融合变得至关重要。

数字经济的发展方向涵盖了人工智能、云计算技术和物联网技术等领域，这些领域需要软件和硬件的紧密结合。因此，广东应该加大数字经济建设的扶持力度，不仅要继续在硬件设施上投资，还需要注重软件开发和人才培养。通过加强软件设计、开发和创新，广东可以更好地满足数字经济时代的需求，提高软件产业的竞争力，确保经济持续增长的基础更加坚实。

综上所述，广东作为中国的经济龙头，虽然在工业发展方面表现强劲，但数字经济的发展也尤为重要。通过加强软件和硬件的融合，广东可以进一步提高其在全球数字经济竞争中的地位，推动经济实现可持续增长。政府、企业和教育机构可以共同努力，以推动软件产业的创新和发展。

三、区块链促进广东产业发展创新的建议

区块链技术对广东产业发展创新具有重要影响力。政府、企业和研究机构可以共同合作，积极探索区块链的各种应用场景，以推动广东产业的创新和升级，提高其在数字经济时代的竞争力。

（一）建设创新平台载体

建设创新平台载体是推动区块链技术在广东产业发展中发挥作用的关键一步。广东可以积极投资和建设多样化的创新平台，包括创新孵化器、实验室和研究中心。这些平台可以提供以下关键支持：

创新孵化器可以为区块链初创企业提供孵化和加速服务。这包括提供办公空间、导师指导、资金支持和市场准入。孵化器可以帮助企业克服初创阶段的困难，带领它们走向成功。

实验室和研究中心可以用于深入研究与开发区块链技术。这些设施可以提供专业设备、技术专家和合作机会，促使创新和技术突破。广东可以吸引国内外的研究团队，共同推动区块链技术的发展。

此外，这些创新平台可以促进资源共享和合作。不同的企业和研究机构可以在一个生态系统内共同工作，分享知识、技术和资源，从而加速区块链技术的演进。这种合作还可以为企业提供更广阔的市场机会。

最重要的是，创新平台可以帮助企业更好地理解市场需求，并根据市场反馈调整其产品和服务。这有助于区块链企业更好地适应市场变化，提高自身的竞争力。

建设创新平台载体是促进广东区块链产业发展的关键一步。政府、企业和研究机构可以共同努力，打造一个有利于区块链创新的生态系统，从而推动广东在区块链领域的持续发展和创新。

（二）打造可信政务数据业务组网

创设可信政务数据业务组网是一种可行的解决方案，其中区块链技术可以发挥重要作用。区块链是一种去中心化的分布式账本技术，具有不可篡改、透明和安全的特点，可以确保政务数据的真实性和可信度。

借助区块链技术，政府可以建立一个可信共享平台，用于管理政务数据和业务信息。政府各部门可以将数据和信息存储在区块链上，每个区块都包含了数据的哈希值和前一个区块的哈希值，这样就可以保证数据的完整性和可追溯性。

政府可以设置访问权限和数据共享规则，确保只有经过授权的人员才能访问和使用数据。这样可以提高政务数据的安全性，减少数据的泄露和滥用。

区块链技术还可以实现政府各部门之间的数据互联和协同。通过区块链的智能合约功能，政府各部门可以实现自动化的数据共享和协作，提高工作效率和响应速度。政府部门之间的数据共享和互联可以实现信息的无缝传递，避免了烦琐的数据传输和重新验证的过程。

总之，创设可信政务数据业务组网是一个有潜力的解决方案，可以提高政务数据的安全性和透明度，减少数据造假和滥用。借助区块链技术，政府可以实现政务数据的共享和互联，提高政府各部门之间的协同效率，更好地为公众提供服务。然而，实施过程中仍需克服隐私保护、数据标准化和技术能力等方面的挑战。

（三）加快区块链技术多场景示范应用

在本省制造产业的发展优势基础上，进一步推动区块链技术在先进制造领域的多场景应用。在先进制造领域，区块链技术的应用可以帮助实现零件溯源和供应链金融。通过建立区块链中心，我们可以追踪和验证零件的来源与质量，提高生产过程的可追溯性和质量控制。同时，区块链技术还可以改善供应链金融的效率，简化融资流程，减少中间环节和风险，为制造企业提供更便捷、低成本的融资渠道。

突出区块链在数字医疗行业中的作用，区块链技术的应用可以提升医疗服务和管理水平。通过建立以区块链技术为基础的医疗中心管理信息体系和医疗产业健康中心，促进电子病历信息和健康档案信息的共享，提高医疗数据管理的效率。此外，推广区块链技术在医疗活动管理、基础设施建设、医疗保障网络交易等方面的应用，实现医疗管理和发展体系的根本性变革。

区块链技术的应用可以改变传统金融模式，提高金融交易的效率和安全性。

在金融领域创新打造保险、银行、租赁等多个产业票据区块链中心，以推动金融机构、广大民众、投资人和管理单位之间的金融交易有效联通。通过金融机构和信用中介机构的作用，协调发展区块链和大数据技术，解决小微企业筹资难题。同时，倡导金融单位、网络企业和区块链企业之间的合作，共同打造区块链应用平台，实现信用管理、资金管理和交易管理等多个业务，提高供应链企业的筹资速度。

为了推动区块链技术的发展和应用，需要加强宣传引导，通过多种媒体渠道向社会展示区块链技术的重要成果和应用案例。同时，还需要总结和分享各地区、各部门的区块链技术应用经验，激发相关主体的积极性，吸引更多的参与者加入区块链技术的研发和应用中来。只有在良好的环境下，区块链技术才能得到广泛应用，实现社会经济的转型和升级。

加快区块链技术在先进制造、数字医疗和金融领域的多场景示范应用，同时进行宣传引导和成果展示，可以促进产业的创新和发展，提升管理效率和水平，降低成本和风险，以及增强信任和透明度。

（四）助力区块链企业集聚发展

着力培育壮大区块链企业集聚发展是推动区块链技术在先进制造、数字医疗和金融领域等多场景示范应用的重要举措。为此，我们应采取以下措施：

积极推动区块链核心技术的成果转化。加大对区块链技术研发的支持力度，鼓励科研机构和企业加强合作，加快科研成果的转化和应用落地。同时，加强知识产权保护，为区块链企业提供良好的创新环境和法律保障，激发企业的创新活力。

创新打造区块链产业孵化中心。建立专业的孵化机构，提供区块链企业所需的基础设施和服务，如办公场地、技术支持、资金扶持等。通过优化孵化流程和资源配置，帮助企业快速成长，并提供一站式服务，帮助企业解决发展中的问题和挑战。

提高产业链中相关企业的沟通效率。建立区块链产业联盟，促进企业之间的合作与交流。通过举办行业峰会、技术研讨会等活动，搭建平台，促进企业间的合作与创新，加快技术和经验的共享。

创建一个拥有国际竞争优势的区块链产业集聚区。在区块链技术应用示范区域建设专门的园区，提供优惠政策和便利条件，吸引和扶持一批区块链企业集聚发展。通过产业集聚效应的发挥，提高区块链企业的创新能力和市场竞争力。

倡导区块链中小企业融入高新技术培育体系。加强对区块链中小企业的培训和指导，帮助它们提升技术能力和管理水平。同时，鼓励和引导金融机构提供融资支持，降低中小企业融资难度，推动其成为高新技术企业。

大力促进区块链技术成果转化，鼓励企业加强技术与市场的对接，推动区块链技术在先进制造、数字医疗和金融领域的应用落地。同时，加强技术推广和宣传，提高社会大众对区块链技术的认知度和接受度，为区块链企业的发展创造良好的市场环境。

第三章 | 区块链技术在金融领域中的运用 |

区块链技术和金融市场应用的结合非常完美，在去中心化系统中，区块链能够自发形成信用，形成无中心机构信用背书的金融体系，也就是所谓的"金融脱媒"。

第一节　区块链技术在支付和结算中的应用

区块链技术在支付和结算领域具备许多潜在的好处。首先，它可以实现去中心化的跨境支付。传统的跨境支付通常需要多个中介机构和银行参与，导致交易速度慢、费用高并且存在一定的风险。区块链技术可以通过去中心化的方式，直接在参与方之间进行点对点的跨境支付，从而减少中介环节和相关费用，提高支付速度和安全性。

其次，区块链技术中的智能合约可以实现自动化支付。智能合约是一种自动执行的合约代码，可以根据预设条件自动触发支付。通过智能合约，支付过程可以更加透明、高效，并且无须第三方机构的干预。例如，在供应链金融中，当特定条件满足时，智能合约可以自动触发支付，提高交易的速度和可靠性。

再次，区块链技术通过其分布式的公共账本特性，实现交易记录的透明性和可追溯性。交易记录被保存在多个节点上，且不可篡改，从而使得支付和结算的过程更加可信与安全。参与方可以验证交易的有效性，并进行快速的审计和结算。

从次，区块链技术还广泛应用于加密货币支付。加密货币如比特币和以太坊，可以用于快速、低成本的支付和结算，绕过传统金融体系的限制。通过使用区块链技术，加密货币支付可以实现匿名并能安全、快速地完成。

最后，区块链技术可以去除资金冻结，并减少欺诈风险。在传统的支付和结算系统中，资金可能会因为各种原因被冻结，例如银行的营业时间限制、合规审查等。而区块链技术可以实现7天24小时的支付和结算，避免资金冻结，并减少欺诈风险，因为交易记录无法篡改且可追溯。

尽管区块链技术在支付和结算领域具备许多潜力，但是在实际应用中仍面临一些挑战，例如可扩展性、性能、隐私保护和法律监管等问题。然而，随着技术的发展和相关方面的探索，我们有理由期待这些问题将逐步得到解决，从而推动区块链技术在支付和结算领域的广泛应用。

一、区块链确保交易安全性的主要方式

区块链技术通过分布式账本、加密算法、共识机制、不可篡改性和智能合约等机制来确保支付和结算的安全性。这些安全特性使得区块链在金融领域中成为一个有潜力的解决方案，并为参与者提供了更安全、透明和可靠的交易环境。以下是区块链支付和结算确保交易安全性的主要方式：

分布式账本：区块链是一个分布式的公共账本，其中的交易记录被保存在多个节点上。这意味着没有单一的中心服务器或数据库，使得篡改交易记录变得异常困难。任何人都可以验证和监督交易的合法性，确保数据的完整性和一致性。

加密算法：区块链使用先进的加密算法来保护交易和参与者的身份。每个交易都经过数字签名来验证其真实性和完整性。数字签名使用非对称加密技术，确保只有私钥持有者才能对交易进行签名，而其他人可以使用公钥进行验证。

共识机制：区块链通过共识机制来保证交易的可信度和一致性。共识机制是参与者就交易的有效性达成共识的方法。常见的共识机制包括工作量证明和权益证明。这些机制确保只有经过验证的交易才会被添加到区块链中，并且参与者不能通过控制大多数算力或代币来操纵交易。

不可篡改性：一旦交易被添加到区块链中，它将成为一个区块的一部分，随后被链接到之前的区块，形成一个不可篡改的交易历史记录。因为区块链上的数据是分布式的，并且需要通过共识机制来修改，所以交易记录几乎不可能被篡改或删除。

智能合约：区块链上的智能合约可以执行自动化的支付和结算。智能合

约是预先编码的合约逻辑，根据预设条件自动执行支付和结算操作。这消除了人为因素和中介机构的干预，提高了交易的安全性和可靠性。

二、区块链在去中心化跨境支付中的应用

实现去中心化的跨境支付需要综合考虑技术、法律、合规性和市场接受程度等多个因素，还需要解决诸如可扩展性、隐私保护、交易确认时间等挑战。实现去中心化的跨境支付是一个复杂的任务，需要考虑许多技术和法律方面的挑战。以下是一些可能的方法和技术：

区块链技术：区块链技术可以为跨境支付提供去中心化的解决方案。通过使用智能合约和分布式账本，可以实现去中心化的资金交换和结算。参与者可以直接在区块链上进行跨境支付，无须传统的中介机构。

加密货币：加密货币可以在跨境支付中发挥重要作用。它们可以通过区块链网络进行快速、安全和去中心化的资金转移。加密货币可以解决传统跨境支付中的许多问题，如高费用、延迟和监管限制。

去中心化交易所（Decentralized Exchanges，DEX）：去中心化交易所是一种在区块链上运行的交易平台，允许用户直接交易加密货币。去中心化交易所可以提供更快速、透明和无须信任的跨境支付体验，避免传统中心化交易所的限制。

跨链技术：跨链技术可以实现不同区块链之间的互操作性，使不同加密货币之间的跨境支付更加便捷。通过跨链技术，用户可以在不同的区块链上将资产锁定，并获得相应的代币，以在其他区块链上进行支付。

法律和监管合规：去中心化的跨境支付需要考虑不同国家之间的法律和监管合规问题。合规性是确保支付合法性和安全性的重要因素，因此需要与监管机构和法律专家合作，确保跨境支付方案符合相关法规。

因此，这是一个复杂的领域，需要进行深入的研究和合作才能实现真正的去中心化跨境支付解决方案。区块链技术和协议可以为去中心化跨境支付提供解决方案。其中，比特币是最著名的加密货币之一，它基于区块链技术，支持去中心化的跨境支付。比特币的开放性和安全性使其成为一种可行的解决方案。

另一个重要的区块链平台是以太坊，它是一个智能合约平台，支持构建和执行分布式应用。以太坊可以创建自定义的代币和智能合约，从而实现跨

境支付功能。

Ripple 是一个专注于跨境支付和金融解决方案的区块链平台，它与传统金融机构合作，提供快速、低成本的国际支付服务。Stellar 是一个开放的区块链平台，专注于跨境支付和资产发行。通过 Stellar，个人和机构能够实现快速、低成本的支付与资产交换。此外，Cosmos 是一种基于区块链的网络互联解决方案，可以连接不同的区块链。通过 Cosmos，不同的区块链可以进行互操作，实现跨境支付和价值转移。

以上是一些常见的区块链技术和协议，用于实现去中心化的跨境支付。选择特定的技术应根据需求、可行性和合规性进行评估。此外，还有其他区块链技术和项目正在研发相关的解决方案。

对于大多数区块链技术，跨境支付通常需要特定的数字货币或代币来进行交换和结算。而正是以上区块链技术和网络对应的数字货币或代币，如比特币、以太币（Ether，ETH）、瑞波币（XRP）、Stellar（恒星币）、Cosmos（宇宙）网络的 ATOM 币等所具有的特定用途和功能，使它们可以作为价值媒介，在区块链上进行安全的跨境支付和结算。发送方可以使用自己的数字货币将价值转移给接收方，而区块链技术能确保交易的透明性、安全性和可追溯性。

需要注意的是，在一些特定的区块链技术中，也可以进行资产锚定（Asset Tokenization），通过将实物资产或法定货币与特定的数字资产进行绑定，实现跨境支付。这种方式可以在区块链上代表和转移实际的价值，而无须使用特定的数字货币。总体而言，跨境支付的数字货币选择通常取决于所采用的区块链技术和平台的设计。

三、共识机制确保交易可信度和一致性

区块链技术通过共识机制确保交易的可信度和一致性。共识机制是参与者就交易的有效性达成共识的方法，它确保只有经过验证的交易才会被添加到区块链中，并且参与者不能通过控制大多数算力或代币来操纵交易。以下是几种常见的共识机制：

工作量证明：在 PoW 共识机制中，参与者（矿工）需要通过解决复杂的数学难题来竞争添加新区块到区块链中的权利。解决问题的过程需要大量的计算能力和能源消耗。第一个成功解决问题的矿工将获得添加新区块的奖励。

这种机制使对网络进行恶意攻击的成本非常高，并且参与者无法控制所有的计算能力。

权益证明：在 PoS 共识机制中，参与者的权益（通常是持有的代币数量）决定了他们被选为验证者的机会。验证者负责验证交易的有效性并创建新的区块。相比于 PoW，PoS 机制消耗的能源更少。参与者通过锁定一定数量的代币作为抵押品，增加他们被选中的机会。如果验证者被发现作恶，他们的抵押品可能被惩罚或没收。

委托权益证明（Delegated Proof-of-Stake，DPoS）：DPoS 是 PoS 共识机制的一种变体，它引入了一组委托人（通常由代币持有者选举产生），委托人负责验证交易和创建新的区块。委托人的选举是根据持有的代币数量进行投票，选举出的委托人将共同管理网络。这种机制减少了参与者的数量，提高了交易速度和扩展性。

这些共识机制确保了交易的可信度和一致性，因为它们要求参与者达成共识，只有经过验证的交易才能被添加到区块链中。通过这种方式，区块链网络中的所有参与者都可以达成一致的交易历史记录，并且没有单一的实体能够操纵交易的顺序或内容。这种分布式共识机制为区块链提供了安全性和可靠性，使得交易在没有中心化控制的情况下得以进行。

四、共识机制保证区块链网络安全性

共识机制对区块链网络的安全性起着至关重要的作用。首先，共识机制能够防止双重支付问题的出现。在参与者达成共识之前，交易无法被添加到区块链中，从而防止了恶意双重支付行为的发生。这种机制保证了交易的可靠性和一致性。

其次，共识机制确保了交易记录的不可篡改性。一旦交易被添加到区块链中，它会与之前的区块链接在一起，形成一个不可更改的交易历史。这是因为参与者需要达成共识才能修改或添加新的区块，恶意参与者难以改变已经被确认的交易。这种不可篡改性保护了交易数据的完整性和可靠性。

再次，共识机制能够抵御51%攻击。在某些共识机制中，例如工作量证明，攻击者需要控制超过网络中50%的算力才能对交易进行恶意篡改。然而，这种攻击成本非常高昂，因此共识机制增加了网络的安全性，使得攻击变得困难和昂贵。

最后，共识机制也能增加网络的去中心化程度。通过要求参与者达成共识，区块链网络不会被单一实体所控制，也无法被单一实体操纵交易。这种去中心化特性提高了网络的安全性，因为攻击者需要同时控制多个节点才能对网络进行攻击。

需要注意的是，不同的共识机制可能会对安全性产生不同的影响，每种机制都有其优势和局限性。因此，在设计区块链时，安全性是需要仔细考虑的重要方面。选择合适的共识机制是确保区块链网络安全性的关键之一。

五、共识机制抵御网络攻击的方法和策略

共识机制采用了多种具体的方法和策略来保障区块链网络的安全性与抵御恶意行为。其中，工作量证明机制通过难题复杂性和随机性来增加攻击的难度。参与者需要解决复杂的数学难题，同时随机性使得攻击者很难预测哪个参与者将获得添加新区块的机会。

权益证明机制通过抵押品和惩罚机制来保证网络的安全性。参与者需要锁定一定数量的代币作为抵押品，并且如果验证者被发现作恶，他们的抵押品可能会被惩罚或没收。这种机制鼓励参与者维护网络的安全性，因为他们的利益与网络的健康运行相关。

委托权益证明机制通过委托人选举和委托人轮值来增强网络的安全性。委托人由代币持有者选举产生，他们负责验证交易和创建新的区块。委托人的选举是根据持有的代币数量进行投票的，并且委托人轮流被选中来执行验证和创建区块。这种机制确保了参与者的公平性和平衡性，减少了集中控制的风险。

另外，区块链网络还可以采取其他安全增强措施，如加密算法、多重签名和监测惩罚机制。加密算法用于保护交易和参与者的身份，防止信息泄露和篡改。多重签名要求多个参与者的数字签名才能执行交易，提高交易的安全性和可靠性。监测惩罚机制用于检测并惩罚恶意行为，如双重支付和篡改交易，以维护网络的安全性和诚信度。

综上所述，共识机制通过多种具体的方法和策略来保障区块链网络的安全性。工作量证明、权益证明和委托权益证明是常见的共识机制，它们在增强网络的安全性方面采取了不同的措施。此外，加密算法、多重签名和监测惩罚机制等安全增强措施也有助于确保交易的可信度和网络的安全性。

第二节　区块链技术在资产管理和证券交易中的应用

区块链技术在资产管理与证券交易领域有广泛的应用。其中，一个重要的应用是资产登记和管理。通过将资产的所有权和转移记录在不可篡改的分布式账本上，区块链技术增加了资产的可追溯性、透明性和安全性。这种技术可以应用于各种资产，如不动产、艺术品、珠宝等。通过使用区块链，资产管理变得更加高效和可靠。

另一个重要的应用是证券发行和交易。区块链技术可以用于发行和交易各种证券，包括股票、债券和衍生品等。通过发行代币化的证券，并将其记录在区块链上，可以实现更快速、高效和安全的证券交易。这种方式消除了传统证券交易中的中介机构，提供了更大的市场流动性和参与度。

去中心化交易所也是区块链技术在资产管理与证券交易领域的应用之一。去中心化交易所利用智能合约和区块链技术，实现了直接的资产交换和结算，从而减少了中介机构和交易成本。这种去中心化交易所提供了更高的安全性和资产控制，同时增加了市场的透明度。

区块链技术还可以应用于资产的分红和治理。通过智能合约，资产的分红可以自动分发给持有者，并确保分配规则的透明。此外，区块链技术也可以用于资产的投票和治理，让持有者参与决策和管理过程。这为资产管理和证券交易带来了更大的灵活性与可持续性。

除了以上应用，区块链技术还可以用于资产溯源和防伪、数字身份验证和 KYC（了解您的客户）等方面。通过将产品信息和交易记录上链，消费者可以追踪产品的来源和整个供应链的透明度。同时，区块链的身份验证和数据存储功能也可以提供更安全和隐私保护程度更高的身份验证机制，确保资产交易的合规性。

区块链技术在资产管理与证券交易领域的应用充分利用了区块链的去中心化、透明和安全的特性，为资产管理和证券交易带来了许多创新与改进的机会。随着技术的不断发展和实践的推进，我们可以期待更多领域的区块链应用出现。

一、区块链技术在资产登记和管理方面的应用

区块链技术在资产登记和管理领域具有重要的应用价值。传统的资产登记和管理过程通常依赖于集中式的中介机构和烦琐的手续。然而，区块链技术通过其分布式账本和智能合约的特性，为资产登记和管理提供了一种更高效、透明和安全的解决方案。

通过将资产的所有权和转移情况记录在区块链上，可以实现资产登记的去中心化和不可篡改。这意味着资产的权属信息可以被准确记录，并且无法被篡改或删除。这为资产的追溯性和透明性提供了坚实的基础，减少了潜在的欺诈和争议。

区块链技术还可以提高资产管理的效率和便利性。通过智能合约，可以实现自动化的资产管理流程，例如租赁、销售和维护等。这减少了人为错误和烦琐的手动操作，简化了资产管理的流程，并提供了实时的数据更新和可追溯的操作记录。

此外，区块链技术还为资产管理提供了更高的安全性。传统的资产管理往往面临着数据泄露和被篡改的风险，而区块链的去中心化和加密特性可以有效地保护资产信息的安全。只有授权的参与者才能访问和修改资产信息，从而提供了更可靠的安全保障。

区块链技术在资产登记和管理方面的应用不仅局限于传统资产，还可以扩展到数字资产领域。例如，数字版权的登记和管理可以借助区块链技术实现，确保创作者的权益得到保护，同时实现数字内容的溯源和防伪。

综上所述，区块链技术在资产登记和管理领域具有巨大的潜力与优势。通过发挥去中心化、透明和安全的特性，区块链可以提高资产登记和管理的效率、可靠性和安全性，为各类资产的所有权和转移情况提供更可信的记录和保障。随着技术的不断发展和实践的推进，可以预见区块链在资产登记和管理领域的应用将进一步扩大与深化。以下是几个具体的应用：

（一）不动产登记

区块链技术可以应用于不动产登记领域，改进传统的不动产登记流程和提供更高效的登记服务。通过将不动产的所有权和交易情况记录在区块链上，可以实现不动产登记的去中心化和透明化。所有权信息和交易历史可以被准

确记录并且无法篡改，从而确保了不动产权属的真实性和可信度。同时，智能合约可以自动化执行不动产交易，并提供实时的交易记录和结算，简化了不动产交易的流程和成本。

一些国家和地区已经开始尝试使用区块链技术进行不动产登记。例如，瑞士的楚格州和瑞典的土地管理局（Lantmäteriet）都在不动产登记领域进行了区块链试点项目。这些试点项目证明了区块链技术可以提高登记的透明性、安全性和效率，并减少了不动产交易的时间和成本。

（二）艺术品登记和溯源

区块链技术可以用于艺术品登记和溯源，确保艺术品的真实性和所有权的可追溯性。通过将艺术品的信息和交易记录在区块链上，可以防止艺术品的伪造和盗窃，并提供可信的所有权证明。艺术品的溯源也可以通过区块链实现，记录艺术品的创作、交易和展览历史，为艺术市场提供更透明和可信的信息。

一些艺术品平台和市场已经开始尝试使用区块链技术来登记与追踪艺术品的信息。例如，Artory 是一个使用区块链技术记录艺术品交易和证明艺术品真实性的平台。通过区块链，艺术品的交易历史和溯源信息可以被永久记录，并且可以提供给买家和收藏家进行验证。

（三）知识产权登记和保护

区块链技术可以用于知识产权登记和保护，确保创新者和知识产权持有者的权益得到保护。通过将知识产权的注册和交易情况记录在区块链上，可以提供可信的知识产权证明和证据链。这有助于减少知识产权的侵权和盗用，并为创新者提供更强的法律保护。同时，区块链的不可篡改性和可追溯性可以帮助解决知识产权纠纷与证明权属的争议。

一些组织和初创企业已经开始探索使用区块链技术来改进知识产权的登记和保护。例如，Spherity 是一个使用区块链技术管理和保护数字身份与知识产权的平台。区块链可以提供不可篡改的证据链，确保知识产权的真实性和可信度，并为创新者提供更好的保护。

（四）数字资产管理平台

区块链技术可以用于构建数字资产管理平台，实现数字资产的登记、交易和管理。通过区块链，数字资产的所有权和交易情况可以被准确记录，并且具有高度的安全性和可信度。数字资产管理平台可以提供用户友好型的界面和智能合约功能，简化数字资产的管理流程，并提供实时的资产价值和交易信息。

一些公司和金融机构已经开始建立基于区块链的数字资产管理平台。例如，Coinbase是一个知名的加密货币交易平台，它提供用户友好型数字资产管理界面和钱包功能。通过区块链，用户可以安全地存储和交易数字资产，并实时跟踪其价值和交易历史。

这些应用展示了区块链技术在资产登记和管理领域的具体应用。每个子应用都可以独立开展，并为不同领域的资产登记和管理问题提供创新的解决方案。随着区块链技术的不断发展和实践的推进，这些应用有望为资产登记和管理领域带来更多的机会与变革。

二、区块链技术在证券发行和交易方面的应用

区块链技术在证券发行和交易领域具有革命性的潜力。传统证券发行和交易过程通常需要依赖中介机构和复杂的结算程序，限制了市场的流动性和效率。然而，区块链技术的出现为证券发行和交易带来了新的可能性。

通过区块链技术，可以实现代币化证券的发行和交易。通过将证券信息记录在区块链上，并使用智能合约执行交易规则，可以实现实时的证券交易和结算。这消除了传统证券交易中的中介机构，并提供更高的交易速度和可靠性。

区块链技术还为证券交易带来了更大的市场流动性和参与度。通过去中心化交易所，投资者可以直接进行资产交换，而无须通过传统的中介机构。这为小额投资者提供了更广阔的投资机会，并降低交易成本。

此外，区块链技术的特性还可以增强证券交易的透明性和可追溯性。所有的交易记录都被记录在区块链上，任何人都可以查看和验证交易的发生。这为监管机构提供了更好的监督和审计手段，同时减少潜在的欺诈行为。

随着区块链技术的不断发展，更多创新的证券发行和交易模式将出现。

例如，可编程证券（Programmable Securities）利用智能合约的能力，可以实现更灵活的证券设计和交易规则。这为资本市场带来更多的创新和机遇。

总而言之，区块链技术在证券发行和交易领域的应用正在改变传统的市场模式。通过发挥去中心化、透明和高效的特性，区块链技术为证券交易提供了更快速、安全和可靠的解决方案。随着技术的进一步成熟和应用的推广，我们可以预见区块链将在证券发行和交易领域发挥更重要的作用。

区块链技术在证券发行和交易方面的著名例子是以太坊区块链上的初级债券发行平台 Bond-i。Bond-i 是由澳大利亚联邦银行（The Commonwealth Bank of Australia）与世界银行合作开发的项目。

Bond-i 项目于 2018 年成功发行了一笔价值 1.1 亿澳元的债券，这是世界上首个使用区块链技术进行发行和交易的主权债券。该债券使用以太坊区块链上的智能合约进行发行和管理，投资者可以通过区块链网络直接购买和交易债券。

这个创新的区块链债券发行和交易方式带来了多项好处。首先，通过区块链技术，交易过程更加高效和透明，减少了中介机构和烦琐的手续。其次，区块链的不可篡改性提供了更高的交易安全性，减少了欺诈和风险。最后，借助区块链的可追溯性，投资者可以实时跟踪债券的交易和结算过程。

Bond-i 项目的成功证明了区块链技术在证券发行和交易领域的潜力，为其他金融机构和市场带来了启示。这个案例表明，区块链技术可以使传统的证券发行和交易过程得到改进，能提供更高效、安全和可靠的交易环境，推动金融市场的创新和发展。

区块链技术在证券发行和交易方面还有许多潜在的应用领域。股票交易是一个重要的领域。区块链技术可以改进股票市场的交易和结算过程。区块链的特性可以提高交易速度和透明度，减少交易成本和风险。智能合约的应用使得实时结算和股权转移成为可能，为市场提供更高的流动性和参与度。

债券市场也可以受益于区块链技术的应用。债券发行和管理的流程可以通过区块链简化，减少中介机构和烦琐的手续。智能合约可以将债券发行、利息支付和到期赎回等过程自动化，提高债券市场的效率和便利性。

衍生品交易也是区块链技术的潜在应用领域之一。期货合约和期权交易可以通过区块链实现实时的交易和结算，提供更高的透明度和可信度。区块链的不可篡改性和可追溯性可以增加市场参与者的信任，降低交易风险。

区块链技术也可以改进投资基金领域。区块链平台可以用于投资基金的发行和管理，投资者可以直接购买和交易基金份额，并实时跟踪基金的净值和投资组合。这样的应用可以提高基金市场的流动性和透明度，为投资者提供更便捷的投资渠道。

区块链技术还可以促进初创企业融资和股权众筹。通过发行代币或证券代币，初创企业可以快速筹集资金，并为投资者提供更灵活的退出机制。这种创新的融资方式为初创企业和投资者带来更多机会与便利。

区块链技术在跨境交易方面也具有巨大潜力。传统的跨境证券交易通常需要依赖中介机构和复杂的结算程序。而区块链可以简化这一过程，实现快速的跨境资产转移，提高交易效率和可靠性。这对于国际金融市场的发展和一体化具有重要意义。

总而言之，区块链技术在证券发行和交易方面有广泛的应用潜力。股票交易、债券市场、衍生品交易、投资基金、初创企业融资和跨境交易等领域都可以通过区块链技术实现更高效、安全和可靠的交易环境。随着技术的不断发展和实践的推进，我们可以期待区块链对金融市场的深刻影响和变革。

第三节　区块链技术在风险管理和合规性中的运用

区块链技术在风险管理和合规性方面的应用具有潜力，可以提供更高效、透明和安全的解决方案。以下是区块链技术在该领域的一些应用：

区块链可以实现风险溯源和可追溯性。通过在区块链上记录和追踪产品、供应链或交易的历史数据，可以追溯风险的起源、传播路径和影响范围。这有助于及早发现和应对潜在风险。

区块链可以简化合规审计和监管报告的流程。通过提供不可篡改的交易记录和审计跟踪，区块链可以确保数据的完整性和真实性。相关各方可以访问和验证存储在区块链上的数据，从而提高合规性的可信度。

区块链技术还可以保护数据隐私和实现访问控制。通过加密和权限控制，区块链确保敏感信息只能被授权人访问。这减少了数据泄露和滥用的风险，并提高数据隐私的保护。

区块链的智能合约功能可以自动执行合规规则和条件。通过将合规规则编码为智能合约，可以实现实时监测和自动执行，减少人为错误和延迟，并提高合规规则的效率和准确性。

另外，区块链可以提供去中心化的身份验证和认证机制。通过将身份信息记录在区块链上，并使用加密技术确保其安全性，可以实现更安全和可信的身份验证过程，从而减少身份盗窃和冒充的风险。

尽管区块链技术在风险管理和合规性方面具有潜力，但在实际应用中仍需解决技术、法律和操作层面的挑战，以实现区块链在该领域的广泛应用。随着技术的不断发展和推进，区块链在风险管理和合规性方面的应用前景仍然十分乐观。

一、区块链可以实现金融风险溯源和可追溯性

（一）区块链技术风险溯源与可追溯性原理

区块链技术在风险溯源与可追溯性方面具有广泛的应用。由于区块链的去中心化、不可篡改和透明的特性，它成了解决风险溯源和提高可追溯性的有效工具。

在食品安全领域，区块链技术可以用于追踪食品的供应链信息。每个供应链环节，如生产、加工、运输和销售，都可以将相关数据记录在区块链上，包括原材料的来源、生产过程、质量检测结果等。通过区块链，消费者和监管机构可以准确了解食品的来源与生产过程，追溯食品的路径和环节，从而提高食品安全的可信度和透明度。在出现食品安全问题时，可以快速定位问题源头，采取有效的措施进行风险防控。

类似地，区块链技术在药品溯源方面也具备重要作用。通过在区块链上记录药品的生产、流通和销售信息，可以确保药品的真实性和质量。患者和监管机构可以通过扫描药品包装上的二维码或其他识别方式，追溯药品的生产厂商、批次号、运输路径等关键信息，确保药品的合规性和安全性。

另外，区块链技术还可以应用于供应链管理领域，提高供应链的可追溯性和风险管理能力。通过在区块链上记录物流信息、交易记录和合同细节，参与方可以实时跟踪产品的位置和状态，确保供应链的透明度和高效性。当供应链出现问题时，如延迟交货、质量问题等，可以更快速地定位问题并采取相应措施，减少风险和损失。

总之，区块链技术在风险溯源与可追溯性方面的应用潜力巨大。它提供了一种去中心化、安全可信的数据记录和共享方式，帮助各行各业实现更高水平的风险管理和可追溯性。区块链技术可以更好地保护消费者权益，提高产品质量和安全性，推动供应链的可持续发展。

（二）区块链技术金融风险溯源与可追溯性

区块链技术在金融领域具有广泛的应用，尤其在风险溯源与可追溯性方面发挥了重要作用。由于区块链的去中心化、不可篡改和透明的特性，它为金融机构提供了一种可靠的方式来追踪和管理风险。

在资产管理和证券交易方面，区块链技术可以用于确保交易的可追溯性和透明度。通过在区块链上记录交易的细节，包括资产所有权、交易时间、交易参与方等，可以实现交易的完整记录和公开可验证。这样一来，监管机构和投资者可以准确了解交易的历史与流程，提高对交易的信任度，降低潜在的风险。

另一个重要的应用是区块链技术在反洗钱和反恐怖融资方面的应用。由于区块链的不可篡改性和透明性，金融机构可以将客户的交易记录和身份信息记录在区块链上，形成可追溯的交易历史。这有助于监管机构更好地监测与防范洗钱和恐怖融资活动，减少相关风险。同时，金融机构也可以更好地进行客户尽职调查，确保交易的合规性和安全性。

另外，区块链技术在借贷和信贷评估方面也具备潜力。通过将借贷交易和借款人的信用信息记录在区块链上，金融机构可以更准确地评估借款人的信用风险和还款能力。这种可追溯性和透明度有助于减少信息不对称，提高借贷市场的效率和安全性。

总的来说，区块链技术在金融风险溯源与可追溯性方面的应用为金融机构提供了更好的风险管理工具。通过区块链的特性，包括不可篡改性、透明度和去中心化，金融机构可以更好地追踪和管理风险，提高交易的可信度和安全性。这将有助于增强金融系统的稳定性和可持续发展。

（三）金融风险溯源与可追溯性案例

区块链技术在金融风险溯源方面有多种具体应用案例，信用溯源是其中之一。通过将信用记录存储在区块链上，金融机构可以更准确地评估借款人的信用风险，提高借贷决策的可靠性，并防止欺诈行为的发生。此外，建立信用溯源系统还有助于打击重复借贷和虚假身份的使用。

另一个应用案例是保险索赔处理。利用区块链技术，保险合同和索赔记录可以被存储在区块链上，实现自动化的索赔审核和理赔过程。这样的系统可以提高索赔的透明度和效率，并减少欺诈行为的发生。

此外，区块链技术还可以用于金融机构之间的风险数据共享。通过建立共享平台，金融机构可以共享市场数据、交易数据和风险指标等风险数据。这种共享可以帮助金融机构更好地了解市场风险和系统性风险，提高对风险的预警和管理能力。

在不良资产管理方面，区块链技术也发挥了重要作用。通过将不良资产的信息记录在区块链上，金融机构可以更好地追踪和管理这些资产。债务人信息、违约记录和清收过程等可以被准确记录，提高清收效率和风险控制能力。

区块链技术在反欺诈和反洗钱方面也发挥了关键作用。通过将交易和客户信息记录在区块链上，金融机构可以实时监测和分析交易模式，识别潜在的欺诈行为和洗钱活动。区块链的透明性和可追溯性有助于提高风险识别与防范的能力。

这些具体应用案例突显了区块链技术在金融风险溯源方面的潜力。通过区块链的特性，金融机构可以实现更高水平的风险管理和可追溯性，从而提高金融系统的安全性和稳定性。

二、区块链技术简化合规审计和监管报告流程

区块链技术可以简化合规审计和监管报告的流程，为金融机构和监管机构提供更高效、透明和准确的合规管理与监测手段。

传统的合规审计和监管报告往往需要金融机构花费大量的时间与人力资源来收集、整理及验证数据。这个过程容易出现错误和延误，同时也缺乏透明度，使监管机构难以实时监测和评估金融机构的合规情况。

而借助区块链技术，合规审计和监管报告的流程可以得到极大简化和改进。首先，区块链上的数据记录是不可篡改的，任何数据的修改都会被立即反映在整个网络中。这意味着金融机构和监管机构可以信任存储在区块链上的数据，减少数据造假和篡改的风险。

其次，区块链的透明性使得数据共享和访问更加方便。金融机构可以将合规数据和报告存储在区块链上，监管机构可以实时访问和审查这些数据，无须耗费大量时间和资源。这种实时数据交流和审核过程有助于加强监管的效果，并提高金融机构对合规要求的遵守程度。

最后，区块链还可以通过智能合约来自动执行合规规则和监管要求。智能合约是一种基于区块链的自动化执行代码，可以根据预先设定的规则和条件来执行合规操作。金融机构可以将合规规则编码为智能合约，确保合规操作的准确性和一致性。监管机构也可以通过智能合约实时监控合规情况，并在违规行为发生时立即采取相应的措施。

综上所述，区块链技术为金融机构和监管机构提供了简化合规审计和监管报告流程的解决方案。通过不可篡改的数据记录、实时数据共享和智能合约的自动执行，区块链可以提高合规管理和监管的效率、透明度和准确性。这将有助于加强金融体系的合规性，降低风险，促进金融市场的稳定和可持续发展。

（一）区块链技术在金融合规审计和监管报告中的优势与应用

当涉及合规审计和监管报告时，区块链技术提供了更多的优势和应用：

数据一致性和完整性：区块链采用分布式账本的方式存储数据，其中的每个区块都包含了一系列交易记录。这些交易记录经过共识机制的验证，确保数据的一致性和完整性。金融机构和监管机构可以通过区块链上的数据记录快速准确地验证交易的合规性，确保数据的可信度。

隐私和安全性：区块链技术可以实现加密和匿名，保护参与者的隐私。金融机构可以使用加密技术来保护敏感信息，同时只向有权限的参与者提供访问权限。这有助于解决数据共享和隐私保护之间的平衡问题，并确保敏感合规数据的安全性。

实时监测和警示：区块链的实时性和可追溯性使得监管机构能够实时监测金融机构的合规情况。监管机构可以访问区块链上的交易数据和合规报告，识别潜在的违规行为，并及时采取必要的监管措施。这种实时监测和警示能力有助于提高监管的效果与响应速度。

自动化合规执行：区块链的智能合约功能可以自动执行合规规则和监管要求。金融机构可以将合规规则编码为智能合约，确保合规操作的自动执行和一致性。这减少了人为错误和操作风险，并提高了合规管理的效率。

去中心化监管：区块链技术的去中心化特性使得监管可以更加公正和透明。由于数据存储在区块链网络的多个节点上，没有单一的中心化机构可以操控数据或操纵报告。这种去中心化的监管模式有助于防止潜在的腐败和利益冲突，并提高监管的公信力。

区块链技术在合规审计和监管报告方面具有许多优势。通过保证数据的一致性和完整性、提供隐私保护和数据安全、实现实时监测和警示、自动化合规执行以及去中心化监管，区块链为金融机构和监管机构提供了更加高效、透明和可信的合规管理与监管手段。这将有助于建立更加安全和可靠的金融体系，促进行业的持续发展。

（二）区块链在金融合规审计和监管报告中的应用案例

当涉及区块链在金融合规审计和监管报告方面的应用时，一个实际的例子是证券交易的合规管理和监管。

证券交易涉及复杂的交易流程和合规要求，包括交易执行、结算、持仓管理和报告等环节。传统的证券交易合规审计和监管报告往往需要耗费大量的时间和资源，而且容易出现数据不一致、信息不透明和操作风险等问题。

通过应用区块链技术，证券交易可以得到简化和改进。证券交易数据可以被记录在区块链上，构建一个分布式的交易账本。所有与交易相关的信息，例如交易细节、交易方、时间戳和交易价格等，都可以不可篡改的方式被存储在区块链上。

监管机构可以访问区块链上的交易数据，实时监测证券交易的合规情况。他们可以验证交易的合法性、交易价格的公正性和交易方的身份等关键信息，确保市场的公平和透明。此外，监管机构还可以利用区块链的智能合约功能，自动执行合规规则和监管要求，确保交易满足合规要求。

区块链的透明性和数据共享特性也有助于简化合规审计和监管报告流程。金融机构可以将交易数据和合规报告存储在区块链上，监管机构可以实时访问和审查这些数据，无须耗费大量时间和资源。这种实时数据共享和审核过程可以减少错误与延误，提高监管的效果和响应速度。

另外，区块链技术还可以提供更高的数据安全性和防篡改能力。由于区块链上的数据是分布式存储和加密的，没有单一的中心化机构可以篡改数据或操纵报告，这为监管机构提供了更强的数据保护和可靠性，降低数据丢失的风险和防止潜在的不当干预。

综上所述，区块链技术在金融合规审计和监管报告方面的应用可以简化证券交易的合规管理和监管。通过不可篡改的数据记录、实时数据共享、智能合约的自动执行和数据安全性，区块链提供了高效、透明和可信的合规管理和监管手段。这将有助于加强金融体系的合规性，降低风险，促进金融市场的稳定和可持续发展。

（三）区块链在金融合规审计和监管报告方面的应用限制及前景

在金融合规审计和监管报告方面，区块链技术的应用正在逐步发展，但尚未广泛采用。尽管区块链在理论上提供了许多优势和潜力，但在实际中广泛采用区块链技术来实现金融合规审计和监管报告仍面临一些挑战与限制。以下是主要因素：

技术成熟度：区块链技术仍处于相对早期的阶段，需要进一步发展和成熟。目前存在着性能、扩展性和隐私保护等方面的技术挑战，需要解决这些问题才能满足金融行业高效处理大规模数据的要求。

标准和规范：缺乏统一的标准和规范限制了区块链在金融合规审计和监管报告领域的广泛应用。需要建立起行业共识和标准化框架，以确保不同系统和平台之间的互操作性与数据共享的一致性。

障碍和监管环境：金融行业存在复杂的法规和监管要求，区块链技术的采用需要与现有的法律框架和监管机构进行兼容。此外，由于存在着数据隐私保护、KYC（了解您的客户）和 AML（反洗钱）等合规问题，因此需要制定相应的政策和规定。

尽管目前在金融合规审计和监管报告方面尚未广泛应用区块链技术，但许多金融机构、科技公司和监管机构已经开始探索与实验区块链技术的潜力。一些试点项目和研究正在进行中，以验证区块链在提高合规性、简化审计流程和增强监管效能方面的实际效果。

随着区块链技术的进一步发展和成熟，以及相关法规和标准的进一步完善，预计在未来会看到更多金融机构和监管机构采用区块链技术来改进合规审计和监管报告的过程。这将有助于提高金融行业的透明度、安全性和效率，推动金融市场的发展和创新。

第四节　区块链技术在借贷和融资领域中的应用

区块链技术在借贷与融资领域中的应用正逐渐展现出巨大的潜力。它可以提供更高效、安全和透明的借贷与融资服务，改变传统金融模式的运作方式。

首先，区块链技术可以简化借贷过程并降低交易成本。传统的借贷流程通常需要多个中介机构和烦琐的文件处理，而区块链可以建立一个分布式的借贷平台，使借款人和放款人直接进行交易，无须依赖中介。通过智能合约，借贷条件和还款计划可以被编码与自动执行，减少了人为错误和纠纷的可能性。这种去中心化的借贷模式能够降低中介费用，提高借贷的效率。

其次，区块链技术可以增强借贷交易的安全性和信任度。借贷合同和交易记录被存储在区块链上，不可篡改且具有时间戳，确保了交易的透明性和可追溯性。借贷交易的信息和资产都可以加密形式存储和传输，提高了数据的安全性。此外，通过区块链的身份验证和信用评估机制，借款人和放款人可以更准确地评估对方的信用，减少了欺诈和违约的风险。

最后，区块链技术还可以促进去中心化的融资模式，例如众筹和代币化资产。通过区块链平台，创业公司和个人可以直接与投资者进行融资交易，无须依赖传统的风险投资机构或银行。而且，区块链的智能合约功能可以实现自动化的投资条件和收益分配，提高了融资的效率和可操作性。此外，通过代币化资产，实物资产或权益可以被数字化并以代币的形式进行交易，为融资提供了更广阔的机会和流动性。

尽管区块链技术在借贷与融资领域中的应用还处于起步阶段，但已经出现了一些成功的示范项目和平台。不少初创企业和金融机构正在探索和应用区块链技术，以提供更高效、安全和包容的借贷与融资服务。随着技术的进一步发展和监管的逐步完善，预计区块链将在借贷与融资领域发挥更重要的作用，并对金融体系的运作方式产生深远影响。

一、区块链技术在借贷与融资领域中的应用

区块链技术在借贷与融资领域中的具体应用包括：

去中心化借贷平台：区块链技术为去中心化借贷平台提供了基础设施。

这些平台允许借款人和放款人直接进行交易，通过智能合约自动执行借贷条件和还款计划。借款人可以提供加密货币作为抵押物，并在满足特定条件时自动获得贷款。这种去中心化的借贷模式消除了传统银行的中间环节，提供了更快速、便捷和低成本的借贷服务。

跨境支付和汇款：区块链技术可以改进跨境支付和汇款流程。传统的国际汇款通常需要经过多个中介和银行，费用高且速度慢。通过区块链，资金可以加密货币的形式直接从发送方传输到接收方，无须中间人的参与。这种点对点的支付模式可以降低费用、加快交易速度，并提供更大的透明度和可追溯性。

数字身份和信用评估：区块链技术可以改进个人和企业的身份验证与信用评估。通过将身份信息存储在区块链上，个人可以拥有更好的控制权和隐私保护，同时也可以更容易地进行身份验证。另外，区块链的分布式账本可以记录个人和企业的交易历史与信用评级，为借贷决策提供更准确的数据和评估依据。

安全代币发行（STO）：STO 是一种利用区块链发行安全代币的融资方式。通过 STO，企业可以将其资产或权益数字化，并将其以代币的形式出售给投资者。这种方式提供了更广泛的融资机会，同时也提供了更高的流动性和可交易性。区块链技术确保了代币交易的透明性和安全性，为投资者和企业之间建立了更直接的联系。

借贷市场的流动性提升：区块链技术可以改善借贷市场的流动性。通过智能合约和代币化资产，借贷市场可以更容易地实现债权的转让和交易。这种流动性提升使得投资者能够更方便地买卖债权，提高市场的效率和灵活性。

以下是几个例子：

去中心化金融（DeFi）借贷平台：DeFi 是基于区块链技术的去中心化金融系统，其中包括借贷平台。例如，Compound 和 Aave 是流行的 DeFi 借贷平台，它们利用智能合约和区块链技术实现了无须传统中介的去中心化借贷。借款人可以通过抵押加密资产来借款，而放款人可以提供资金来获取利息收益。这些平台通过区块链的透明性、自动化执行和智能合约的安全性，为用户提供了高效、开放和可信的借贷服务。

跨境借贷平台：区块链技术被用于解决跨境借贷中的支付和结算问题。以 Ripple 为例，其基于区块链的支付协议和数字货币 XRP，使得跨境借贷交易可以更快速、廉价和可靠地进行。通过区块链的即时清算和减少中间环节，借贷交易的处理时间和成本得到了大幅缩减，同时提供了可追溯的交易记录。

数字身份和信用评估：区块链技术在借贷交易中的数字身份验证和信用评估方面也有应用案例。例如，Bloom 和 SelfKey 等项目利用区块链构建了去中心化的身份验证与信用评估系统。借款人可以使用这些系统验证其身份，并通过共享的受信任的数据源来提供可靠的信用评估。区块链的去中心化特性和数据隐私保护机制增强了身份验证与信用评估的可信度及安全性。

这些案例表明，区块链技术在借贷交易领域的应用已经取得了一定的成功。通过提供去中心化、透明、高效和安全的借贷服务，区块链技术改变了传统借贷模式，并为用户带来了更多的选择和机会。然而，这些案例仍然只是区块链在借贷领域应用的一小部分，该技术的潜力和应用领域仍在不断探索和发展中。

需要注意的是，尽管区块链技术在借贷与融资领域具有潜力，但在实际应用中仍面临一些挑战，如监管合规性、技术扩展性和用户接受度等。然而，随着时间的推移和技术的进步，预计区块链将在借贷与融资领域发挥越来越重要的作用，并为金融体系带来更多的创新和变革。

二、区块链技术确保借贷市场的安全性和可靠性

区块链技术通过多种方式确保借贷市场的安全性和可靠性，主要包括以下方面：

去中心化的交易记录：区块链使用分布式账本来记录借贷交易的细节和交易历史。所有参与者都可以访问和验证这些交易记录，确保透明度和可追溯性。由于交易记录被分布在多个节点上，篡改数据变得非常困难，从而提高了安全性。

数据的不可篡改性：一旦交易被记录在区块链上，它们几乎无法被篡改或删除。每个区块都包含了前一个区块的哈希值，形成了一个连续的链条，任何对之前区块的篡改都会导致后续区块的不匹配。这种数据的不可篡改性保证了交易记录的完整性和可信度。

智能合约的执行：借助智能合约，借贷条件和还款计划可以被编码为可执行的代码，并在事先确定的条件下自动执行。智能合约消除了对可靠第三方的依赖，减少了人为错误和潜在的欺诈行为。借款人和放款人可以放心地依赖智能合约来确保交易的安全性和可靠性。

加密和身份验证：区块链使用加密技术来保护交易和个人身份的安全性。参与者在进行交易时使用加密密钥进行身份验证，确保只有授权的用户才能访问和执行交易。加密技术还可以保护敏感数据的机密性，防止未经授权的访问和篡改。

分布式共识机制：区块链通过共识机制来确保交易的有效性和一致性。不同的共识算法，如工作量证明和权益证明，确保只有通过验证的节点才能添加到新的区块链上。这种分布式共识机制防止了潜在的恶意行为和双重支付等问题，增强了借贷市场的安全性。

总体而言，区块链技术通过去中心化的交易记录、数据的不可篡改性、智能合约的执行、加密和身份验证以及分布式共识机制等方式，确保了借贷市场的安全性和可靠性。这些特性为借贷参与者提供了更高的信任度，并减少了潜在的风险和欺诈行为。

三、区块链技术在借贷交易中确保隐私和数据安全

在借贷交易中，隐私和数据安全一直是重要的关注点。传统的中心化借贷模式通常需要借款人和放款人披露大量的个人和财务信息，这可能导致潜在的隐私泄露和数据安全风险。然而，区块链技术提供了一种更安全和私密的借贷环境。

首先，区块链使用加密技术来保护借贷交易的隐私和数据安全。参与者在进行交易时使用加密密钥进行身份验证，确保只有授权的用户才能访问和执行交易。借款人和放款人的身份与交易细节被加密存储在区块链上，减少了未经授权的访问和篡改的风险。加密技术还可以保护敏感数据的机密性，确保只有授权的人可以查看具体的交易细节。

其次，区块链的去中心化特性增加了隐私和数据安全的保护。传统的中心化借贷平台通常需要用户将个人信息和财务数据集中存储在中央服务器上，这使得这些数据成为潜在的攻击目标。但在区块链中，数据被分布式存储在多个节点上，没有单一的集中式存储点。这意味着即使某个节点被攻击或遭到破坏，其他节点仍然保留了数据的副本，保障了数据的持久性和安全性。

最后，区块链的不可篡改性也有助于确保借贷交易的隐私和数据安全。一旦交易被记录在区块链上，它们几乎无法被篡改或删除。每个区块都包含了前一个区块的哈希值，形成了一个连续的链条。任何对之前区块的篡改都

会导致后续区块的不匹配，从而立即引起系统的警报。这种不可篡改性保证了交易记录的完整性和可信度，防止了未经授权的更改和操纵。

基于加密技术、去中心化存储和不可篡改性等特性，区块链技术确保借贷交易的隐私和数据安全。这种安全性保障为借款人和放款人提供了更高的信任度，减少了潜在的隐私泄露和数据安全风险。随着区块链技术的不断发展和创新，我们可以期待借贷交易的隐私和数据安全得到更进一步的保护与提升。

区块链技术在借贷交易的隐私和数据安全方面有一些具体的应用案例，下面列举几个常见的例子：

匿名借贷：区块链可以支持匿名借贷，使借款人和放款人可以在不披露真实身份的情况下进行借贷交易。通过使用加密技术和匿名钱包，借款人可以匿名方式申请贷款，而放款人可以匿名提供资金，从而保护借款人和放款人的隐私。

隐私保护的智能合约：智能合约是区块链上执行借贷交易的核心机制之一。区块链技术可以实现隐私保护的智能合约，其中敏感的个人信息和财务数据可以通过加密技术进行保护，只有授权的参与者才能访问和查看具体的交易细节。这种方式确保了借贷交易的隐私和数据安全。

去中心化身份验证：传统的借贷模式通常需要借款人和放款人披露大量的个人身份信息。区块链技术可以支持去中心化的身份验证，其中个人身份信息被加密并存储在区块链上，只有经过验证的身份才能参与借贷交易。这种方式保护了个人身份的隐私和数据安全。

数据共享与授权：区块链可以提供一种安全的数据共享和授权机制，用于借贷交易中的信用评估和风险管理。借款人可以选择授权特定的机构或个人访问其个人数据，以便进行信用评估和决策制定。通过区块链的加密和隐私保护机制，确保了借款人数据的安全性和隐私性。

这些应用案例展示了区块链技术在借贷交易中保护隐私和数据安全的具体应用。通过加密技术、匿名性、去中心化身份验证和安全的数据共享机制，区块链为借贷市场提供了更安全和可信的环境，增强了参与者的信任感，并减少了潜在的隐私泄露和数据安全风险。

四、区块链技术实现借贷交易的数据共享和授权机制

区块链技术为借贷交易提供了一种安全、透明和可信的数据共享和授权机制。传统的借贷模式通常涉及大量的数据共享和访问，例如借款人的个人信息、财务状况和信用评估数据等。区块链通过以下方式实现了更好的数据共享和授权。

首先，区块链使用分布式账本技术，其中数据被分散存储在多个节点上。这种去中心化的数据存储方式消除了单一攻击点，并增加了数据的安全性和可靠性。借贷交易中的数据被加密和存储在区块链上，只有经过授权的参与者才能访问和查看数据。这种数据存储方式确保了数据的隐私和安全，防止了未经授权的访问和篡改。

其次，区块链技术利用智能合约实现数据共享和授权。智能合约是在区块链上执行的自动化合约，它可以定义和执行特定的规则与条件。在借贷交易中，智能合约可以用于管理数据的共享和访问权限。借款人可以选择授权特定的机构或个人访问其个人数据，以便进行信用评估和决策制定。智能合约确保了数据共享的透明性和可追溯性，所有的数据访问和使用记录都被记录在区块链上，可以被授权方和借款人审查与验证。

此外，区块链技术还支持加密和匿名性，进一步保护数据的隐私。借款人的个人身份信息和敏感数据可以被加密，并只在需要时才被解密和使用。借款人可以使用匿名钱包或身份验证机制参与借贷交易，从而保护其真实身份等隐私。这种加密和匿名性的特性为借贷交易的数据共享与授权提供了额外的保护层。

区块链技术通过分布式账本、智能合约和加密等机制，实现了借贷交易的数据共享和授权机制。这种机制增加了数据的安全性、透明性和可信度，同时保护了借款人的隐私和个人数据。随着区块链技术的进一步发展和创新，可以预期在借贷交易中的数据共享和授权方面将会有更多的应用与改进。

不过，区块链技术在借贷交易中的数据共享和授权方面仍然面临一些挑战：

隐私保护与合规性：尽管区块链技术可以提供加密和匿名，但在借贷交易中，合规性和隐私保护之间存在一定的冲突。一方面，金融监管机构要求在借贷交易中进行合规性审查和反洗钱措施，这可能需要访问和共享借款人

的个人身份信息与财务数据。另一方面，借款人希望保护其隐私和个人数据的安全。因此，如何在满足合规性要求的同时保护借款人的隐私成为一个挑战。

数据标准化和互操作性：借贷交易涉及多个参与者，包括借款人、放款人、信用评估机构等，他们可能使用不同的数据格式和标准。在区块链中实现数据共享和授权需要解决数据标准化与互操作性的问题。确保不同参与者能够共享并正确解读数据是一个技术和协作方面的挑战。

扩展性和性能：区块链技术在处理大量交易和数据时可能面临扩展性与性能方面的挑战。借贷市场通常具有高频率和大规模的交易活动，需要快速处理和验证交易。目前的公共区块链网络在处理大量交易时可能存在延迟和吞吐量限制。因此，如何提高区块链的扩展性和性能，以满足借贷市场的需求是一个挑战。

法律和监管环境：区块链技术正在不断发展，但法律和监管环境对于其应用和操作存在不确定性。在借贷交易中涉及的法律和监管要求可能需要与区块链技术进行适应与协调，确保借贷交易在法律框架内进行，并满足监管要求，这需要与相关利益相关者进行合作和沟通。

这些挑战表明在借贷交易中实现数据共享和授权，需要综合考虑隐私保护、数据标准化、扩展性和法律监管等方面的问题。通过技术创新、行业合作和监管机构的积极参与，可以逐步解决这些挑战，推动区块链技术在借贷交易中的应用和发展。

第五节　区块链技术在保险行业中的应用

区块链技术在保险行业中具有潜在的改进和创新机会。它可以提高保险业务的效率、透明度和安全性，减少欺诈行为，并为保险参与者提供更好的用户体验；也需要进一步的技术发展、行业合作和监管支持来实现其潜力。区块链技术在保险行业中有多种应用，可以提供以下优势和潜在的改进。

第一，区块链可以用于建立和验证保险参与者的数字身份，包括保险公司、被保险人和理赔人员等。这样可以简化身份验证过程，减少欺诈行为，并提高数据的安全性和隐私保护。

第二，区块链上的智能合约可以自动执行保险合同中的条款和条件。当某种事故或损失发生时，智能合约可以自动触发理赔流程，并根据预设的规则和条件进行理赔支付，这样可以提高理赔速度、减少纠纷，并降低操作成本。

第三，通过将索赔数据存储在区块链上，可以实现去中心化的数据存储和共享。这确保了索赔数据的安全性、可靠性和可追溯性。保险索赔涉及大量的数据和文件，包括事故报告、医疗记录、证明文件等。

第四，区块链技术还可以帮助检测和预防保险欺诈行为。将保险索赔数据和历史记录存储在区块链上，可以提供更全面的数据分析和模式识别，以识别异常和可疑的索赔行为。这有助于减少欺诈索赔，并提高整体行业的信用度。

第五，区块链技术支持分布式保险市场的建立。通过智能合约和代币化的方式，个人和企业可以参与保险市场，提供和购买保险产品。这样可以增加市场的竞争性、降低成本，并提供更加个性化的保险解决方案。

第六，区块链可以减少重复保险和共享数据的问题。共享和验证保险数据，可以提高数据的准确性和一致性，并减少重复的保险覆盖。

区块链技术在保险行业中的应用还有一些其他方面，这进一步推动了行业的创新和改进。

一项重要的应用是区块链在保险合约管理和证明领域的作用。传统的保险合约管理通常需要大量的纸质文件和烦琐的人工处理。而通过区块链，可以实现数字合约的创建、存储和管理。这样可以简化合约管理流程，提高效率，并确保合约的安全性和不可篡改性。同时，区块链还可以提供可验证的证明，如保险合约的有效性和理赔纪录的真实性，使保险操作更加透明和可靠。

另一项应用是区块链在保险索赔处理中的作用。保险索赔通常涉及多个参与方、烦琐的文件审查和复杂的信息交换。将索赔数据存储在区块链上，可以实现数据的实时共享和验证，减少信息的不一致性和错误，并提高索赔处理的速度和准确性。此外，区块链的不可篡改性和可追溯性使得索赔数据更加可信与可审计，有助于减少欺诈行为。

区块链还可以促进保险行业的供应链管理。供应链中的各个环节包括制造商、供应商、物流公司等，需要进行信息共享和协作。建立基于区块链的供应链平台，可以实现供应链数据的实时追踪和验证，确保产品的来源和质量，提高供应链的可视性和效率。这对于某些领域，如物流保险和产品追溯，具有重要的意义。

此外，区块链还有助于解决保险行业中的信息孤岛和数据隐私问题。保险行业涉及大量的敏感个人数据和企业数据，如健康记录、财务信息等。通过区块链的加密和权限控制机制，可以实现数据的安全存储和共享，同时保护数据主体的隐私权。这为保险公司、监管机构和其他参与方之间的合作与数据交换提供了更安全、可信的平台。

区块链技术在保险行业中有广泛的应用前景。它可以提供去中心化、透明、安全和高效的解决方案，改善保险业务的各个环节，包括合约管理、索赔处理、供应链管理和数据隐私等。然而，随着技术的发展和实践的深入，还需要解决一些挑战，如标准化、互操作性和法律法规的适应等，以实现区块链在保险行业的广泛应用和推广。

一、区块链技术支持分布式保险市场的建立

区块链技术为建立分布式保险市场提供了重要的支持和创新机会。通过区块链的去中心化和智能合约功能，个人和企业可以参与保险市场的创建、交易和管理，实现更加开放和透明的保险生态系统。

首先，区块链技术可以实现去中心化的保险交易。传统的保险市场通常由少数几家大型保险公司垄断，参与者的选择和竞争有限。而通过区块链，任何人都可以创建和提供保险产品，个人和企业可以直接进行交易，无须依赖传统的中介机构。这促进了市场的竞争性，降低了进入门槛，并提供了更多的选择和灵活性。

其次，区块链的智能合约功能可以实现自动化的保险合约管理和执行。保险合约作为数字化的智能合约存储在区块链上，智能合约可以自动执行其中的条款和条件。当预定的条件满足时，合约可以自动触发保险赔付或理赔流程，减少了人为干预，提高了合约执行的效率和准确性。

再次，区块链技术为保险市场的参与者提供了更加安全和可信的交易环境。传统的保险市场存在信息不对称和信任问题，导致合约纠纷和欺诈行为的发生。而区块链的不可篡改性和可追溯性，使得交易和合约数据的安全存储与共享成为可能。参与者可以验证和查看交易的历史记录，增加了信任度，并降低了欺诈的风险。

最后，区块链还支持代币化的保险交易。通过将保险产品和服务代币化，可以实现更高程度的可分割性和流动性。个人和企业可以使用数字代币购买

保险产品，同时也可以将保险权益进行分割和转移。这为市场的参与者提供了更大的灵活性和便利性，同时也促进了保险市场的流动性和发展。

综上所述，区块链技术为分布式保险市场的建立提供了诸多创新和优势。它通过去中心化、智能合约、安全性和代币化等特性，促进了保险市场的开放性、竞争性和透明性。然而，区块链在保险市场的应用还面临一些挑战，如监管环境、合规性和标准化等方面的问题，需要行业的共同努力和合作来克服。

区块链技术在保险市场中的应用面临监管和合规性挑战。当然，通过合适的设计和措施，可以解决这些挑战，确保区块链在保险市场中的合规运作。

首先，合规性方面的挑战包括符合当地法律法规、监管要求和行业标准。区块链技术可以通过以下方式应对这些挑战：

（1）透明性和可追溯性：区块链的特性使得交易和合约数据可以被公开查看与验证。这为监管机构提供了更好的可见性和监管能力，能够更容易地审计和监控市场活动，确保合规性。

（2）智能合约合规性：在设计和编写智能合约时，应考虑符合当地法律法规和监管要求。合约的逻辑和条款需要与法律框架相一致，并确保合约执行的合规性。同时，智能合约的可编程性也使得规则的更新和调整更加灵活与便捷。

（3）身份认证和合规审查：区块链可以集成身份验证和合规审查机制，确保参与者的身份和资格合规。这可以通过数字身份验证、KYC 和 AML 等措施来实现，确保参与者的合法性和合规性。

其次，监管方面的挑战涉及监管机构对区块链技术的理解和监管框架的制定。以下是解决这些挑战的方法：

（1）教育和意识提高：监管机构应加强对区块链技术的了解和认识，理解其潜在优势和挑战。这可以通过培训、研讨会和合作交流等方式来实现，以促进监管机构对区块链的适当监管。

（2）制定适应性监管框架：监管机构需要制定灵活和适应性强的监管框架，以应对区块链技术的快速发展和变化。监管框架应平衡创新和风险管理，为区块链技术的合规应用提供明确的指导和规范。

（3）合作与监管沟通：监管机构应积极与行业参与者、技术公司和专业机构合作，建立沟通渠道，共同探讨区块链技术的监管问题和解决方案。这种合作有助于实现监管的及时响应和有效执行，确保市场的稳定和保护消费者权益。

综上所述，区块链技术在保险市场中的监管和合规性挑战可以通过透明和可追溯性、智能合约合规性、身份认证和合规审查等方式来应对。同时，监管机构的教育和意识提高，制定适应性监管框架，以及合作与监管沟通也是解决这些挑战的关键。综合运用这些方法可以确保区块链技术在保险市场中的合规运作，促进行业的创新和发展。

二、区块链技术预防保险欺诈、助力理赔操作

区块链技术在保险行业中具有潜力，可以帮助保险公司检测和预防保险欺诈行为。以下是区块链技术在这方面的应用：

区块链的不可篡改性和可追溯性使得交易与合约数据可以被安全地存储在分布式账本上。这意味着一旦数据被记录在区块链上，就无法被篡改或删除。保险公司可以将保单、索赔和理赔数据等关键信息记录在区块链上，确保数据的完整性和可信度。通过比对和验证区块链上的数据，保险公司可以检测到任何异常或不一致的情况，从而发现潜在的保险欺诈行为。

智能合约是区块链技术的核心功能之一，它可以自动执行合约中设定的条款和条件。在保险领域，智能合约可以用于自动化的保险合约管理和索赔处理。通过智能合约，保险公司可以设定预定的条件和规则，当这些条件满足时，合约将自动执行相应的操作，如保险赔付或理赔处理。这减少了人为干预的机会，减少了产生人为错误和欺诈行为的可能性。

区块链技术可以集成身份验证和身份管理系统，确保参与者的身份真实可信。通过数字身份验证和 KYC 流程，保险公司可以验证投保人和索赔申请人的身份信息。这有助于防止虚假身份的使用以及多次投保和重复索赔等欺诈行为。

区块链技术还可以促进保险欺诈数据的共享和协作。保险公司可以建立共享的区块链平台，将欺诈行为的数据进行匿名化处理，并与其他保险公司共享。这种数据共享可以帮助保险公司识别并预防潜在的欺诈行为，提高整个行业的反欺诈能力。

区块链技术在保险行业中有助于检测和预防保险欺诈行为。通过不可篡改的数据存储、智能合约的自动执行、身份验证和共享数据等功能，保险公司可以增强对欺诈行为的识别和防范能力。这有助于提高保险市场的透明度和信任度，减少欺诈风险，并为诚实的保险参与者提供更好的保护。

同时，区块链技术在保险行业中的应用为理赔处理和赔付操作带来了许多潜在的好处与创新。以下是区块链技术在理赔处理和赔付操作方面的应用：

首先，区块链的不可篡改性和可追溯性使得理赔数据可以被安全地存储在分布式账本上。保险公司可以将理赔相关的数据，如索赔申请、索赔文件、医疗记录等记录在区块链上。这样一来，所有参与者都可以访问相同且不可篡改的数据，减少了数据不一致和产生纠纷的可能性。保险公司可以更准确地核实索赔信息，加速理赔处理的速度。

其次，智能合约是区块链技术的核心功能之一，可以自动执行预定的条件和规则。在保险理赔处理中，智能合约可以设定索赔条件和赔付规则，并在条件满足时自动执行相应的操作。例如，当索赔信息通过验证并满足合同条款时，智能合约可以自动计算赔付金额并发放赔款。这减少了人为干预，提高了理赔处理的效率和准确性。

再次，区块链技术可以与其他数据源和第三方服务集成，实现自动化的索赔验证。保险公司可以与医疗机构、车辆数据库等合作，自动获取索赔所需的医疗记录或车辆事故信息。这样可以减少人工的索赔验证过程，加快理赔处理的速度，并提高准确性。

最后，区块链技术提供了实时的理赔处理和赔付操作。由于区块链的去中心化特性，理赔处理可以在多个参与者之间实时进行，减少了传统的中介环节和交易延迟。同时，智能合约的自动执行功能可以实现即时的赔付操作，保险公司可以快速处理理赔并支付赔款，提高客户满意度。

综上所述，区块链技术在保险行业中为理赔处理和赔付操作带来了许多优势。通过不可篡改的数据存储、智能合约的自动执行、数据集成和实时处理等功能，保险公司可以加速理赔处理的速度，提高准确性，并提供更快速、透明和可靠的理赔体验。这有助于降低操作成本，增强客户信任，促进保险行业的发展。

第四章 ｜新经济下的供应链金融｜

第一节　供应链金融概述

一、供应链

供应链是指将原材料、零部件、产品和相关信息从供应商经过一系列的加工、生产、运输和分销环节，交付给最终客户的整个过程。供应链管理涉及协调和管理各个环节的活动，以实现高效的物流流程、准时交付和产品质量的控制。

供应链通常包括以下几个主要环节：

（1）采购：涉及从供应商处获取所需的原材料、零部件和产品。采购活动涉及供应商选择、协商合同和价格、下订单等过程。

（2）生产：包括将原材料和零部件转化为最终产品的制造过程。这涉及生产计划、生产调度、质量控制等活动。

（3）物流：涉及原材料、零部件和产品的运输和仓储管理。这包括运输方式选择、仓库管理、库存控制等。

（4）分销：将产品交付给最终客户的环节。这包括渠道管理、订单处理、交付和售后服务等。

供应链管理的目标是通过优化各个环节的流程和协调各个参与方的合作，实现供应链的高效运作。通过供应链管理，企业可以实现缩短交付时间、减少库存成本、提高客户满意度，并获得竞争优势。

近年来，随着信息技术的发展，供应链管理中的数字化和物联网技术的应用也变得越来越重要。例如，利用物联网技术和传感器，可以实时监控物流环节的运输和库存情况。同时，利用数据分析和人工智能技术，可以对供应链数据进行分析和预测，以优化供应链的运作和决策。

供应链是现代商业环境中至关重要的概念，它涉及从供应商到客户的物流和价值流动。随着全球化和市场竞争的加剧，企业意识到供应链的重要性，并致力于管理和优化整个供应链过程。以下是供应链的一些关键方面，以及供应链管理对企业的成功至关重要的原因。

首先，供应链管理涉及协调和管理供应链的各个环节，以实现高效的物流流程和准时交付。这意味着需要确保原材料和零部件的准时供应，生产能力的充分利用，以及产品的及时配送。通过优化供应链流程，企业可以降低库存水平、运营成本，并缩短交付时间和提高客户满意度。

其次，供应链管理包括与供应商和分销商之间的合作及沟通。建立良好的供应商关系可以确保供应链的稳定性和可靠性。有效的供应商合作可以带来更好的采购价格、质量控制和创新合作。同样，与分销商的紧密合作可以确保产品的正确分发和最终客户的满意度。

再次，供应链管理涉及数据和信息的管理。通过采集、分析和共享供应链数据，企业可以更好地了解供应链的状况，识别问题和瓶颈，并进行决策和优化。现代技术，如物联网、大数据和人工智能，为供应链管理提供了更多的机会和工具，以实现实时监控、预测和智能决策。

最后，供应链管理需要关注可持续性和风险管理。全球供应链面临着各种风险，如自然灾害、政治不稳定和供应商倒闭等。通过建立强大的风险管理计划和灵活的供应链网络，企业可以更好地应对风险，并确保业务的连续性。

综上所述，供应链管理在现代商业环境中至关重要。通过优化供应链流程、建立良好的合作关系、有效管理数据和信息，并关注可持续性和风险管理，企业可以实现更高的效率、更好的客户满意度和竞争优势。因此，供应链管理已成为企业成功的关键因素之一，它可以帮助企业在竞争激烈的市场中取得成功并实现可持续发展。

二、供应链金融的定义

供应链金融是一种基于供应链关系的金融服务和解决方案，旨在满足供应链各参与方的融资需求和资金流动的要求。它通过整合金融机构、供应商和买方之间的关系，提供资金支持、风险管理和优化资金流动的工具与服务。以下是对供应链金融一些关键方面的探讨，以及它对供应链和企业的影响。

供应链金融可以帮助解决供应链各参与方的融资需求。在传统供应链中，供应商通常面临着资金周转困难的问题，而买方则希望延长付款期限以提高自身现金流。供应链金融通过提供供应商融资解决方案，如供应链融资、应收账款融资和存货融资，帮助供应商获得资金支持并改善现金流。同时，它也为买方提供了供应链逆向融资等工具，以优化资金的使用和流动。

供应链金融可以帮助减少供应链中的融资风险。供应链金融机构通过对供应链各参与方的信用评估和风险管理，降低金融交易的风险。它可以提供供应链融资的保理服务和应收账款管理，以确保供应商的应收账款得到及时回收，并降低买方的违约风险。这种风险管理的机制有助于增加供应链的稳定性和可靠性，促进供应链各方的合作关系。

供应链金融还可以优化资金流动和供应链效率。通过供应链金融平台和技术的应用，供应链各参与方可以实现更快速和透明的资金流动。例如，利用区块链技术，可以实现供应链中的数字化支付和结算，提高交易的效率和准确性。此外，供应链金融的数字化和自动化处理还可以减少人工操作与纸质文件的使用，提高供应链的效率和可持续性。

供应链金融通过提供融资解决方案、降低风险、优化资金流动和提高供应链效率，对供应链和企业产生积极的影响。供应链金融的发展有助于改善供应链的稳定性和可靠性，促进供应链各方的合作，推动企业的可持续发展。

供应链金融是一个不断发展和创新的领域，为供应链管理带来了许多机遇和挑战。以下是对供应链金融的一些探讨，以及它对企业和全球供应链的影响。

首先，供应链金融可以促进中小型企业的发展。在传统融资渠道受限的情况下，中小型企业往往难以获得足够的融资支持。供应链金融通过基于供应链关系的融资模式，为中小型企业提供了更多的融资机会。例如，供应链融资可以基于买方的信用，为供应商提供融资，使其能够扩大生产规模和满足订单需求。这有助于推动中小型企业的增长和竞争力。

其次，供应链金融可以降低全球供应链中的融资成本和风险。跨国供应链涉及多个国家和地区的参与方，面临着汇率风险、支付风险和供应商信用风险等挑战。供应链金融为全球供应链提供了跨境融资和风险管理的解决方案。通过供应链金融平台和工具，可以简化跨境支付和结算，降低交易成本和风险。这有助于增强全球供应链的可持续性和竞争力。

再次，供应链金融也与可持续发展目标密切相关。可持续供应链要求企业在供应链中考虑环境、社会和治理因素。供应链金融可以通过提供可持续融资和评估工具，促进企业在供应链中实施可持续实践。例如，供应链融资可以与供应商的环境和社会责任指标挂钩，鼓励供应商采取可持续的经营方式。这有助于推动供应链的可持续发展，并满足消费者和利益相关者对可持续性的需求。

最后，供应链金融与新技术的结合将推动供应链管理的数字化转型和创新发展，为供应链金融的发展带来新的机遇。例如，人工智能和大数据分析可以提供更精确的风险评估与决策支持，提高供应链金融的效率和准确性。区块链技术可以改善供应链金融的透明度和安全性，减少欺诈和纠纷。

综上所述，供应链金融在促进中小型企业发展、降低全球供应链融资成本和风险、推动可持续发展以及与新技术的结合方面发挥着重要的作用。它为供应链管理提供了更多的融资机会和工具，促进了供应链各参与方之间的合作和发展。随着全球供应链的不断演变和技术的创新，供应链金融将继续发展并为企业创造更多的价值和竞争优势。

三、供应链金融研究的理论基础

供应链金融研究的理论基础涉及多个学科领域，包括金融学、供应链管理、风险管理和信息技术等。以下是供应链金融研究的一些理论基础，以及这些理论对于理解和推动供应链金融发展的重要性。

首先，金融学是供应链金融研究的核心理论之一。金融学提供了关于融资、投资和风险管理的理论框架，为供应链金融的各个方面提供了基础。例如，金融学中的资本结构理论和融资决策理论可以帮助人们理解供应链中不同参与方的融资需求与决策。金融市场理论和金融中介理论则为供应链金融的市场机制与金融机构提供了分析工具。

其次，供应链管理理论对于研究供应链金融的关系和影响至关重要。供应链管理理论研究供应链中的流程、合作关系和价值创造机制，强调供应链的整体效能和协同作用。在供应链金融研究中，供应链管理理论可以帮助人们理解供应链中的融资需求和资金流动，以及供应链金融对供应链绩效和合作关系的影响。供应链管理理论还可以指导、帮助企业和供应链各参与方优化资金流动与风险管理。

再次，风险管理理论在供应链金融研究中起着重要作用。供应链金融涉及多个参与方之间的资金流动和风险分担。风险管理理论提供了关于风险识别、评估和应对的方法与工具，为供应链金融的风险管理提供支持。例如，供应链金融可以利用风险管理工具如保理、信用保险和衍生品来降低供应链中的信用风险与市场风险。风险管理理论还可以帮助理解供应链金融对供应链稳定性和可靠性的影响。

最后，信息技术对于供应链金融研究和实践的推动至关重要。信息技术的发展使得供应链金融可以更高效、透明和可追踪。例如，基于区块链技术的供应链金融平台可以实现供应链中的数字化支付和结算，提高交易的安全性和效率。大数据分析和人工智能技术可以帮助供应链金融机构进行风险评估与决策支持。信息技术的应用为供应链金融的创新和发展提供了新的机遇。

供应链金融研究的理论基础涵盖金融学、供应链管理、风险管理和信息技术等多个学科领域。这些理论提供了理解和推动供应链金融发展的重要框架与工具。深入研究和应用这些理论，可以帮助我们更好地理解供应链金融的本质、机制和影响，进而促进供应链金融的创新和实践。

（一）风险管理理论降低供应链中的信用风险和市场风险

风险管理理论在供应链金融研究中发挥着重要作用，可以帮助降低供应链中的信用风险和市场风险。以下是这两种风险在供应链金融中的管理方法和理论基础。

（1）信用风险是供应链金融中一个关键的风险因素。供应链中的参与方包括买方、供应商和金融机构等，它们之间的信用关系直接影响着融资的可行性和供应链的稳定性。风险管理理论为降低供应链中的信用风险提供了多种方法。

一种常用的方法是利用保理（Factoring）来管理信用风险。保理是一种供应链金融工具，通过将应收账款转让给金融机构，使供应商能够立即获得资金。保理机构通常会对买方的信用进行评估，并提供应收账款的保证和催收服务。这样，即使买方发生违约或无法及时支付，供应商仍能获得部分或全部的资金，从而降低了信用风险。此外，供应链金融还可以利用信用保险来管理信用风险。信用保险公司可以为供应商提供对买方信用的保险，一旦买方违约或无法支付，供应商可以向信用保险公司申请赔付。通过信用保险，供应商能够有效地转移信用风险，确保自身的资金流动和经营稳定性。

（2）市场风险在供应链金融中也是一个重要的考虑因素。市场风险涉及供应链中的需求波动、价格波动和市场竞争等因素，对供应链的运作和金融风险产生影响。风险管理理论提供了一些方法来降低供应链中的市场风险。

一种常用的方法是采用合约和契约设计来管理市场风险。供应链中的各参与方可以通过合约和契约设计来规范交易与责任分配，以减少市场风险的不确定性。例如，长期供应合约可以帮助供应商稳定订单和销售收入，降低需求波动带来的市场风险。此外，价格固定合约和期货合约等也可以帮助供应链中的参与方规避价格波动风险。另一种降低市场风险的方法是使用市场衍生品工具。市场衍生品如期货、期权和互换等可以帮助供应链参与方进行风险对冲与套期保值，降低市场价格波动带来的风险。通过使用这些金融工具，供应链中的参与方可以锁定价格、降低交易成本，并保护自身免受市场波动的影响。

综上所述，风险管理理论为供应链金融中的信用风险和市场风险提供了多种管理方法。通过保理、信用保险、合约设计和市场衍生品等工具，供应链中的参与方可以降低信用风险和市场风险，从而实现更稳定和可持续的供应链金融运作。这些理论和方法的应用可以增加供应链各参与方的信心与合作意愿，促进供应链金融的发展，并提高整个供应链的运作效率和风险控制能力。在未来的研究中，进一步深化对风险管理理论的应用和创新，将对提升供应链金融的效益和可持续性产生积极的影响。

（二）资本结构理论和融资决策理论

在供应链金融研究中，金融学的资本结构理论和融资决策理论为供应链中的不同参与方提供了指导与分析框架，帮助他们进行融资决策和优化资本结构。

资本结构理论对供应链中的不同参与方的融资决策具有重要影响。资本结构理论研究企业在资本融资中债务和股权的比例选择问题。在供应链中，不同参与方面临着不同的融资需求和风险特征，因此资本结构理论的应用也因参与方的不同而有所差异。

对于买方来说，资本结构理论可以帮助他们确定最优的融资结构。买方在供应链中扮演着核心角色，他们需要资金来购买原材料、支付供应商货款和维持日常运营。根据资本结构理论，买方可以通过权衡债务和股权融资的利弊，选择最适合自身情况的融资结构。债务融资可以提供稳定的资金来源和利息税盾，但也带来了偿债风险；股权融资可以分散风险，但会稀释股东权益。买方需要根据自身的盈利能力、现金流状况和风险承受能力，以及市场的融资条件来制定最优的资本结构策略。

对于供应商来说，资本结构理论也具有指导意义。供应商通常需要资金来支持生产和交付订单，同时还需要管理与买方的信用关系。资本结构理论可以帮助供应商确定融资结构，选择适当的债务和股权比例。供应商可以通过债务融资来降低融资成本和税务负担，但也需要注意偿债能力和债务风险。此外，供应商还可以考虑与买方的合作关系，例如通过供应链金融工具如保理来解决融资问题，以减轻资本压力。

金融学的融资决策理论也为供应链中的不同参与方提供了指导。融资决策理论研究企业在融资过程中的决策行为和影响因素。在供应链中，买方和供应商都需要进行融资决策，以满足资金需求和管理风险。

买方的融资决策涉及选择适当的融资来源和工具。他们可以通过银行贷款、债券发行、股权融资或供应链金融工具来筹集资金。不同的融资方式和工具具有不同的成本、风险和灵活性，买方需要根据自身情况和融资目的进行决策。融资决策理论提供了分析不同融资方案的方法和工具，帮助买方做出合理的决策。

供应商的融资决策涉及管理与买方的信用风险和资金需求。供应商可以通过合理定价、合同设计和供应链金融工具来降低信用风险并获得资金支持。融资决策理论可以帮助供应商评估不同融资方案的成本、风险和影响，并选择最合适的融资方式。供应商可以考虑与买方的合作关系和信用评估结果，以及市场的融资条件来做出决策。

综上所述，金融学的资本结构理论和融资决策理论在供应链金融研究中具有重要意义。这些理论为供应链中的不同参与方提供了指导，帮助他们进行融资决策和优化资本结构。买方和供应商可以利用这些理论来选择最优的融资结构、降低信用风险，并满足资金需求。进一步的研究可以探索如何将资本结构理论和融资决策理论与实际供应链金融实践相结合，进一步提升供应链金融的效益和可持续性。

（三）交易成本理论

交易成本理论在供应链金融领域中扮演着重要的角色，为参与方在供应链交易中的决策提供了理论支持和分析框架。交易成本理论关注的是在市场交易和组织内部交易中产生的各种成本。在供应链中，存在着多个参与方之间的交易，包括买方、供应商、物流服务提供商等。这些交易涉及订单的生成、产品的交付、付款和结算等环节，而交易成本理论提供了分析这些交易过程中产生的成本的方法。

交易成本理论对供应链中的合同设计和选择具有指导意义。在供应链中，参与方之间通过合同来规范交易关系，明确各方的权益和责任。交易成本理论认为，合同的设计和选择应考虑到交易的特征与环境，以最小化交易成本。例如，供应链中存在着信息不对称的问题，买方和供应商之间可能存在着信息的不完全性和不对称性。合同可以通过明确的条款和奖惩机制来解决信息不对称问题，减少信息交流和协调的成本。

交易成本理论在供应链金融中的应用主要体现在供应链融资和供应链金融工具的选择上。供应链中的参与方需要进行资金的流动和融资，而交易成本理论可以帮助他们选择最适合的融资方式和工具，以降低交易成本并提高效率。例如，传统的融资方式如银行贷款可能会涉及烦琐的审批程序和高昂的利息成本，而供应链金融工具如应收账款保理可以通过减少付款周期和提供融资服务来降低融资成本与交易成本。

此外，交易成本理论还对供应链中的组织结构和治理机制提供了指导。供应链中的参与方可以通过建立合适的组织结构和治理机制来降低交易成本。例如，供应链机制中的垂直整合和合作伙伴关系可以减少交易中的中间环节和不必要的交互成本，提高交易效率。此外，供应链中的信息技术和电子商务平台也可以降低交易成本，提供更高效的信息流和物流。

交易成本理论在供应链金融中具有重要意义。它提供了分析供应链交易成本的方法和工具，帮助参与方进行合同设计、融资决策和组织结构优化，以降低交易成本并提高供应链的效率和竞争力。进一步的研究可以探索如何将交易成本理论与实际供应链金融实践相结合，推动供应链金融的创新和发展。

交易成本理论在不同类型的供应链中仍然适用，包括跨国供应链和电子商务供应链。然而，由于不同类型的供应链具有特定的特征和环境，交易成本的具体应用可能会有所不同。在跨国供应链中，交易成本理论可以帮助参与方分析和管理涉及国际贸易的交易成本。由于涉及不同国家的法律、语言、文化和货币差异，跨国供应链面临着更高的交易成本。例如，跨国供应链中可能涉及关税和贸易壁垒，需要处理不同的法律合规性要求，以及跨国货币结算和汇率风险等方面的问题。交易成本理论可以帮助参与方识别和评估这些成本，并采取相应的策略来降低交易成本，例如设计合理的合同、选择合适的供应链金融工具和建立有效的合作伙伴关系等。

对于电子商务供应链，交易成本理论同样适用，但需要考虑到电子商务的特殊特点。电子商务供应链通常涉及在线平台、数字支付和物流网络等。虽然电子商务可以提供更高效的信息流和交易过程，但也面临着一些特定的交易成本，例如网络安全风险、信任建立和维护成本等。交易成本理论可以帮助参与方评估这些成本，并采取相应的措施来降低交易成本，例如建立可靠的在线支付和信任机制、加强网络安全措施等。

需要注意的是，不同类型的供应链可能存在着特定的交易成本因素和挑战，因此在应用交易成本理论时需要考虑到这些差异。供应链管理者和研究者需要结合具体情境与实际问题，将交易成本理论与相关的供应链特征和环境因素相结合，以制定适用于不同类型供应链的具体策略和解决方案。

综上所述，交易成本理论在不同类型的供应链中仍然适用，但具体的应用可能会因供应链类型的不同而有所差异。跨国供应链和电子商务供应链都可以从交易成本理论中获得指导，以降低交易成本并提高供应链的效率和竞争力。

四、供应链金融构成要素

供应链金融是指通过金融工具和服务来支持与改善供应链中的资金流动及融资需求。供应链金融包括以下几个方面：

（1）应收账款融资。应收账款融资是供应链金融的核心要素之一。它指的是企业将未来应收账款转化为即时资金的融资方式。供应链中的买方通常需要一定的信用期来支付货款，而供应商则需要及时的资金流动来满足生产和经营需求。应收账款融资可以通过应收账款保理、贸易融资和票据融资等方式实现，以提供供应商所需的资金流动性。

（2）供应链支付和结算。供应链金融还包括支付和结算的要素。供应链中的交易涉及订单生成、产品交付和付款等环节，而有效的支付和结算机制对于保持供应链的顺畅运作至关重要。供应链金融通过提供在线支付平台、电子支付工具和结算服务等方式，简化支付过程、加快资金流动，并降低支付成本和风险。

（3）供应链风险管理。供应链金融要素中的另一个重要组成部分是风险管理。供应链中存在各种风险，包括信用风险、运输风险、市场需求风险等。供应链金融通过提供供应链融资工具和风险管理服务，帮助参与方降低风险，并提供相关的保险和担保机制来保护利益。

（4）信息技术支持。信息技术在供应链金融中起着关键的支持作用。供应链金融需要有效的信息流和数据共享来支持决策与交易过程。信息技术可以提供供应链可视化、数据分析和预测等功能，帮助参与方更好地管理供应链金融需求和风险。同时，供应链金融也可以借助电子商务平台和区块链技术等创新工具来改进供应链金融的效率与可靠性。

供应链金融包括应收账款融资、供应链支付和结算、供应链风险管理以及信息技术支持。这些要素相互交织，共同支持和促进供应链中的资金流动和融资需求，提高供应链的效率和可持续发展能力。综合分析供应链金融的运作流程，能够概括出供应链金融的构成要素，诸如"四个主体、三个流"，具体内容如下所示：

（一）供应链金融中的资金需求主体

供应链金融中涉及的主要资金需求主体包括以下几个：

（1）供应商（供应链上游）。供应商是供应链金融中的一个重要参与方，他们通常需要资金来支持原材料采购、生产加工和库存管理等环节。供应商可能面临现金流短缺的问题，需要融资来满足日常运营和生产需求，以及应对来自买方的长期付款条件。

（2）分销商/批发商（供应链中游）。分销商/批发商是将产品从供应商转售给零售商或其他下游买方的中间环节。他们通常需要资金来购买和储存产品，并在销售后收回款项。供应链金融可以帮助分销商解决库存资金问题，并提供应收账款融资或贸易融资等方式来支持其运营和扩大业务规模。

（3）零售商/经销商（供应链下游）。零售商/经销商是供应链中的最终销售环节，他们需要资金来购买产品，并将其销售给最终消费者。零售商通常需要应对季节性需求波动和库存管理的挑战，因此可能需要供应链金融来提供资金支持，以确保库存充足并满足销售需求。

（4）买方/采购方。买方/采购方是供应链中的需求方，他们需要资金来购买产品和支付供应商货款。买方可能面临与供应商的支付条件和周期不匹配的问题，需要寻求供应链金融来延长付款期限或获得贸易融资，以优化现金流。

需要注意的是，不同供应链金融方案可能会针对不同的资金需求主体。例如，应收账款保理适用于供应商和分销商，贸易融资适用于买方和供应商，而库存融资则适用于分销商和零售商等。供应链金融旨在为供应链中各方提供资金支持和优化现金流的解决方案，以促进供应链的顺畅运作和业务增长。

（二）供应链金融中的资金供给主体

供应链金融中的资金供给主体包括以下几个：

（1）银行和金融机构。传统的商业银行和金融机构是供应链金融的主要资金供给主体之一。它们通过提供各种金融产品和服务来满足供应链中的资金需求，包括应收账款融资、贸易融资、库存融资等。银行和金融机构利用自身的资金实力与信贷评估能力，为供应链参与方提供融资支持，并根据合同约定和风险管理措施来管理相关风险。

（2）供应链金融平台。随着数字技术的发展，供应链金融平台成为资金供给的新兴力量。这些平台通常是在线的金融市场，将供应链参与方与投资者或资金提供方连接起来。它们提供各种供应链金融产品和服务，通过在线交易和信息技术支持来实现资金供给与需求的匹配。供应链金融平台可以提供更高效、灵活和便捷的资金供给渠道，促进供应链中的资金流动和融资活动。

（3）投资者。除了传统的银行和金融机构，投资者也可以成为供应链金融的资金供给主体。投资者可以是机构投资者、私募股权基金、天使投资者等，他们通过投资供应链金融产品或提供股权融资等方式，为供应链中的参与方提供资金支持。投资者通常寻求投资回报和风险分散，供应链金融为他们提供了一个新的投资领域，同时也为供应链参与方提供了多样化的资金来源。

（4）政府和国际组织。政府和国际组织也可以在供应链金融中作为资金供给的角色。通过政府机构、出口信贷机构和开发银行等渠道，政府和国际组织可以提供资金支持和担保，促进供应链中的贸易和金融活动。政府还可以通过政策和监管措施来鼓励与支持供应链金融的发展，推动资金供给和需求的平衡。

综上所述，供应链金融中的资金供给主体包括银行和金融机构、供应链金融平台、投资者以及政府和国际组织。这些主体通过不同方式提供资金支持和融资渠道，满足供应链中各方的资金需求，推动供应链的发展和增长。

（三）供应链金融中的支持型机构

在供应链金融中，存在一些专门的支持型机构，它们提供相关的服务和资源，以促进供应链金融的发展和实施。以下是供应链金融中常见的支持型机构：

（1）供应链金融平台。供应链金融平台是提供在线供应链金融服务的平台。它们通过数字技术和信息系统，连接供应链参与方、金融机构和投资者，为供应链中的资金需求和融资活动提供便捷的渠道。供应链金融平台通常提供融资申请、资金配对、交易管理和风险评估等功能，帮助参与方更高效地进行交易和融资。

（2）信用评级机构。信用评级机构在供应链金融中起着重要的作用。它们通过评估供应链参与方的信用风险，为金融机构和投资者提供独立的信用评级报告与建议。信用评级机构的评级结果可以帮助资金供给主体更准确地评估风险，并做出相应的融资决策。

（3）物流和仓储服务提供商。供应链金融涉及物流和仓储环节，因此物流和仓储服务提供商在供应链金融中扮演着重要的角色。它们提供物流运输、仓储管理和库存监控等服务，为供应链参与方提供可靠的物流和仓储基础设施。这些支持型机构的服务可以帮助参与方降低物流风险、提高资金流动性，并为供应链金融提供必要的支持。

（4）保险公司。供应链金融中的风险管理是至关重要的，而保险公司可以提供相关的保险产品和服务。它们可以为供应链参与方提供货物运输保险、信用保险和供应链中断保险等，以减轻潜在的风险和损失。保险公司在供应链金融中的角色是为参与方提供风险保障，增加融资的安全性和可行性。

这些支持型机构在供应链金融中发挥着重要的作用，通过提供平台、评级、物流、仓储和保险等服务，为供应链参与方和资金供给主体提供支持，推动供应链金融的发展和创新。

（四）供应链金融中的监管机构

在供应链金融领域，监管机构负责监督和规范相关市场参与者的行为，以保护市场的健康运行和消费者的权益。以下是一些在供应链金融中扮演重要角色的监管机构：

（1）中央银行和金融监管机构。每个国家都有自己的中央银行和金融监管机构，它们负责监管和监督金融机构的运营和行为。在供应链金融中，中央银行和金融监管机构负责确保金融机构在提供供应链金融服务时遵守法律法规，管理风险，并保护金融系统的稳定性。

（2）证券监管机构。供应链金融中可能涉及证券市场，因此证券监管机构也扮演着重要角色。它们负责监督和监管证券市场的运作，保护投资者的权益，并确保供应链金融产品的合规性和透明度。

（3）监管机构。除了中央银行和金融监管机构外，还有其他监管机构在供应链金融领域发挥作用。例如，贸易和商务部门可能负责监管跨境贸易和供应链金融中的国际业务。税务部门可能负责监管供应链金融交易的税务合规性。这些监管机构确保供应链金融在法律法规框架内运作，并促进公平竞争和维持市场秩序。

（4）国际金融组织。一些国际金融组织也在全球范围内监管和推动供应链金融的发展。例如，国际货币基金组织和世界银行等国际金融机构通过制定政策、提供技术援助和支持，促进供应链金融的发展，并在国际层面推动相关标准和最佳实践。

这些监管机构在供应链金融中扮演着重要的角色，通过监督和规范市场参与者的行为，维护市场的稳定性和透明度，保护金融体系的安全性，并促进供应链金融的可持续发展。

（五）供应链金融体系中的物流、资金流和信息流

在供应链金融体系中，物流、资金流和信息流是三个关键的要素，它们密切相关并相互影响，共同支撑着供应链金融的运作和效率。

（1）物流流动。物流流动指的是供应链中物品和产品的流动过程。它包括原材料的采购，生产过程中的加工和制造，成品的仓储、运输和配送等环节。物流流动的高效性对供应链金融至关重要，因为它直接影响着库存周转速度、订单履约能力和交付时间等因素。供应链金融通过物流流动的可视化和跟踪，为金融机构提供更准确的信息基础，帮助评估供应链参与方的信用风险，并提供相应的融资支持。

物流流动涉及从原材料采购到成品交付的各个环节。通过物流的可视化和跟踪，供应链金融可以获得关键的信息，如库存水平、运输时间和交付状态，从而更好地评估供应链参与方的信用风险，并为其提供相应的融资支持。有效的物流流动可以提高供应链的灵活性、响应能力和客户满意度。

（2）资金流动。资金流动指的是在供应链中各参与方之间的资金流转过程。它包括资金的支付、收款、融资和结算等环节。供应链金融通过提供各种融资产品和服务，帮助供应链参与方解决资金短缺问题，提供流动资金支持。资金流动的顺畅与否影响着供应链的运转效率和稳定性，同时也对供应链金融机构的风险管理和回报产生影响。

资金流动的顺畅与否直接影响着供应链的运转效率和稳定性。供应链金融通过提供各种融资产品和服务，满足供应链参与方的资金需求，解决资金短缺问题。这种资金流动的支持可以促进供应链的持续运作，推动生产和销售活动，并提高供应链参与方的竞争力。

（3）信息流动。信息流动指的是供应链中各个环节和参与方之间的信息交流与共享过程。它包括订单信息、物流轨迹、库存信息、财务数据等的传递和处理。供应链金融通过数字化技术和信息系统，实现了供应链中信息的实时监控和共享，为金融机构提供更准确的风险评估和融资决策依据。信息流动的高效性可以提高供应链参与方的可见性和透明度，降低不确定性和风险，促进供应链金融的发展和创新。

物流流动、资金流动和信息流动是供应链金融体系中相互依存且相互促进的要素。它们共同构建了一个高效、可靠的供应链金融生态系统，为供应链参与方提供了更好的资金流动、风险管理和决策支持。通过优化物流、资金和信息的流动，供应链金融能够推动供应链的可持续发展，并为企业的增长和创新提供重要的支持。

五、供应链金融的特点

供应链金融是一种特殊的金融模式，它在供应链中为各个参与方提供资金支持和金融服务。以下是供应链金融的几个主要特点：

（1）跨越多个环节。供应链金融涉及供应链中的多个环节，包括原材料采购、生产加工、物流运输和销售等。它覆盖了整个供应链的生命周期，为各个阶段的参与方提供融资和金融支持。这种跨越多个环节的特点使得供应链金融更加综合和全面，能够满足供应链参与方在不同阶段的资金需求。

（2）基于供应链资产。供应链金融的特点之一是以供应链中的资产作为融资的基础。这些资产可以包括库存、应收账款、订单和物流运输等。供应链金融机构通过对这些资产的评估和监控，为供应链参与方提供融资和融资工具。这种基于实物资产的融资方式可以降低融资的风险，提高融资的可获得性和灵活性。

（3）风险共担与合作。供应链金融强调供应链参与方之间的合作与风险共担。各个参与方通过信息共享和协调合作，提高供应链的效率和稳定性。供应链金融机构依靠合作伙伴关系和风险管理手段，降低供应链参与方的信用风险，提供更具竞争力的融资条件。这种合作与风险共担的特点使得供应链金融能够有效地推动供应链的协同发展。

（4）数字化和技术驱动。供应链金融借助数字化技术和信息系统实现信息的实时监控与处理。通过物联网、区块链、人工智能等技术的应用，供应链金融可以实现供应链中信息的可追溯性、可见性和透明度，提高风险管理和决策效率。数字化和技术驱动的特点使得供应链金融具备更大的创新潜力与发展空间。

供应链金融具有跨越多个环节、基于供应链资产、风险共担与合作以及数字化与技术驱动等特点。这些特点使得供应链金融成为促进供应链协同发展、提升资金流动性和降低风险的重要金融模式。随着全球供应链的不断发展和数字化的加速推进，供应链金融在未来将继续发挥重要作用。

（一）供应链金融的短期货币市场信贷类产品属性

供应链金融既属于短期货币市场，又是信贷类产品。作为短期货币市场，供应链金融提供短期融资和资金流动的平台，满足企业在供应链中的短期资金需求。同时，作为信贷类产品，供应链金融提供资金借贷、利息和费用、信用评估以及还款和违约等服务。供应链金融在短期货币市场中的定位主要体现在以下方面：

（1）短期融资。供应链金融为企业提供短期融资解决方案，满足企业在供应链中的短期资金需求。这些融资一般具有较短的期限，符合短期货币市场的特点。

（2）流动性和灵活性。供应链金融产品通常具有高度的流动性和灵活性，能够快速满足企业的资金需求，并根据实际情况进行调整。这种灵活性使得供应链金融能够适应短期货币市场中快速变化的资金需求。

（3）市场化运作。供应链金融市场通常以交易平台或市场化的形式运作，企业可以在这些平台上发布融资需求，并与金融机构进行交易和合作。这种市场化的运作方式符合短期货币市场的特点，提供了一个便捷的融资环境。

（4）风险管理。供应链金融市场注重风险管理和控制，通过对供应链参与方的信用评估和风险监控，确保融资的安全性和可靠性。这种风险管理与短期货币市场中对风险的关注相一致。

综上所述，供应链金融既属于短期货币市场，又属于信贷类产品。它在短期货币市场中提供短期融资和资金流动的功能，同时通过信贷类产品的特点，为企业提供资金借贷、利息和费用、信用评估以及还款和违约等服务。这种综合性质使得供应链金融成为在短期货币市场中满足企业资金需求的重要工具。

（二）供应链金融突破了传统的授信视角

供应链金融的出现确实突破了传统的授信视角。传统的授信模式通常基于企业的财务状况和信用历史进行评估，并依赖于企业个体的信用能力。然而，供应链金融采用了更为综合和全面的视角，突破了传统的授信限制，表现在以下几个方面：

（1）多方参与。在供应链金融中，企业本身的信用状况自然是考虑在内，供应链上其他参与方的信用状况也是考虑的因素。对供应链中各个环节的参与方进行信用评估，可以更全面地评估整个供应链的风险和信用情况。这种多方参与的视角使得供应链金融能够更准确地评估风险和提供融资。

（2）资产导向。传统的授信模式主要关注企业自身的信用状况，而供应链金融更加注重基于资产的融资。通过将供应链中的资产（如应收账款、库存等）作为融资的抵押或担保，供应链金融能够为企业提供更多的融资机会，无须过多依赖企业自身的信用状况。

（3）数据驱动。供应链金融借助大数据和技术的发展，能够更加精确地评估风险和信用。通过对供应链数据的收集和分析，可以更全面地了解供应链各个环节的运作情况和风险指标，从而为供应链金融提供更准确的评估和决策依据。

（4）供应链协同。供应链金融强调供应链各参与方之间的协同合作。通过建立良好的合作关系和信息共享机制，供应链金融可以更好地控制风险和提高融资的可靠性。这种协同作用有助于提升整个供应链的效率和稳定性。

供应链金融通过多方参与、资产导向、数据驱动和供应链协同等方式，突破了传统的授信视角。这种突破为企业提供了更多的融资机会，并促进了供应链各参与方的合作和协同发展。

第二节　供应链金融的分类

根据融资过程中涉及的质押内容，供应链金融主要分为以下三种类型：

（1）应收账款融资。应收账款融资是指企业将其尚未到期的应收账款权益转让给金融机构或供应链金融平台，以获取即时的资金。在这种融资方式中，金融机构或供应链金融平台会向企业提供一定比例的应收账款融资，通常是在应收账款的一定折扣率下。这种融资方式可以提前解决企业的资金需求，加速现金流转。

（2）预付款融资。预付款融资是指金融机构或供应链金融平台向供应链上的中小微企业提供资金，用于支付其向供应商预付货款。在传统供应链中，中小微企业往往因为资金短缺无法及时支付预付款，导致供应链中断。而预付款融资通过提供资金，解决了中小微企业的预付款问题，保证了供应链的正常运转。

（3）存货质押融资。存货质押融资是指企业将其存货作为质押物，向金融机构或供应链金融平台融资的一种方式。企业将存货转让给金融机构或供应链金融平台，作为质押物，以获取资金。通常情况下，资金的融资比例取决于存货的价值和质量。这种融资方式可以帮助企业快速变现存货价值，满足其短期资金需求。

这三种供应链金融类型在不同情况下可以相互结合或单独应用，以满足企业在供应链中的资金需求。通过供应链金融，企业可以更有效地管理资金流动，提高供应链的效率和灵活性。应收账款融资和存货质押融资是普遍认可的融资产品，已经形成了相对完善的法律体系和应用基础，预付款融资则是一种发展前景良好的融资模式。

一、应收账款融资

应收账款融资是供应链金融中一种常见的融资方式。在供应链中，企业通常需要等待客户支付应收账款，这样的等待时间可能会导致企业资金紧张。为了解决这个问题，企业可以将尚未到期的应收账款权益转让给金融机构或供应链金融平台，以获取即时的资金。

应收账款融资的过程通常如下：首先，企业将待收取的应收账款信息提供给金融机构或供应链金融平台。其次，金融机构或供应链金融平台评估这些应收账款的可靠性和价值，并根据评估结果为企业提供一定比例的融资。融资金额通常会根据应收账款的折扣率来确定，即融资金额会略低于应收账款的实际金额。最后，当客户支付应收账款时，融资机构或供应链金融平台扣除融资金额后，将余额返还给企业。

应收账款融资的优势在于它可以帮助企业快速获取资金，缓解资金压力，并加速现金流的周转。这种融资方式使得企业能够更灵活地运作，并更好地应对供应链中的资金需求。同时，它也为金融机构或供应链金融平台提供了一种相对低风险的投资机会，因为应收账款通常是企业的有效债权。

总之，应收账款融资是供应链金融中的一种重要方式，通过将尚未到期的应收账款权益转让给金融机构或供应链金融平台，企业可以快速获取资金，解决资金紧张问题，提高资金流动性和供应链的运转效率。

（一）应收账款融资的特点和分类

应收账款融资是供应链金融中常见的融资方式，具有一些独特的特点并可以进行不同的分类。应收账款融资的特点：

（1）灵活性。应收账款融资可以根据企业的具体需求进行灵活调整。企业可以选择将全部或部分的应收账款转让给金融机构或供应链金融平台，根据资金需求的大小和时限来决定融资的规模与期限。

（2）快速获取资金。相比传统的贷款方式，应收账款融资能够更快速地获得资金。一旦应收账款被转让并得到确认，企业可以立即获得一定比例的融资，无须等待客户支付账款。

（3）降低信用风险。应收账款融资的借款基础是企业的应收账款，而不是企业自身的信用状况。这种方式降低了金融机构或供应链金融平台的信用风险，因为应收账款通常是有明确支付义务的客户的债权。

应收账款融资的分类：

（1）国内应收账款融资。此类融资发生在国内供应链中，涉及企业与国内客户之间的应收账款。国内应收账款融资在国内金融机构或供应链金融平台的支持下进行，以满足企业的资金需求。

（2）国际应收账款融资。这种融资形式发生在国际贸易中，涉及企业与国际客户之间的应收账款。国际应收账款融资通常需要涉及国际贸易结算方式（如信用证），以确保融资的安全性和可行性。

（3）单一应收账款融资。在这种情况下，企业只转让特定的一笔应收账款给金融机构或供应链金融平台，以获取融资。此类融资适用于企业在特定交易中需要立即获得资金的情况。

（4）整体应收账款融资。这种融资方式涉及企业将整个应收账款组合转让给金融机构或供应链金融平台，以获取整体的融资。整体应收账款融资通常用于满足企业长期资金需求或整体供应链的融资需求。

综上所述，应收账款融资具有灵活性和快速获取资金的特点，并可根据国内或国际贸易、单一或整体应收账款的情况进行分类。这些分类方式有助于企业选择适合其需求的应收账款融资方式。

（二）应收账款融资模式的风险要点

应收账款融资模式虽然有各种优势，但也伴随着一些风险要点，包括以下几个方面：

（1）信用风险。应收账款融资的基础是企业的应收账款，因此，如果客户未能按时支付账款或发生违约，将会给融资方带来信用风险。如果企业的客户无法履行支付义务，融资方可能无法收回融资款项，从而导致损失。

（2）操作风险。在应收账款融资中，融资方需要对企业的应收账款进行评估和管理。如果融资方未能正确评估应收账款的可靠性和价值，或者未能有效管理应收账款的收付过程，可能会导致风险的增加。

（3）法律风险。应收账款融资涉及法律合同和债权关系。如果出现法律纠纷或违约情况，可能会导致融资方和企业面临法律风险。此外，法律和监管环境的变化也可能对应收账款融资模式产生影响。

（4）信息不对称风险。在应收账款融资中，融资方需要对企业的客户进行信用评估。然而，由于信息不对称，即企业对客户的信息了解程度有限，可能会导致评估准确性的不确定性，从而增加了风险。

（5）市场风险。应收账款融资可能受到市场波动和经济变化的影响。如果市场环境恶化，客户付款能力下降，融资方可能面临更大的风险。此外，利率变动和货币波动等因素也可能对应收账款融资的成本与回报产生影响。

为了应对这些风险，融资方和企业应加强风险管理和控制措施。这包括加强客户的信用评估和监控、合理选择融资合作伙伴、建立健全合同和法律框架、及时获取和共享信息等。通过有效的风险管理，可以降低应收账款融资模式的风险，并确保其运作的可持续和稳健。

（三）应收账款保理模式、应收账款质押模式的区别

应收账款保理模式和应收账款质押模式是供应链金融中常见的两种融资方式，它们在操作方式和风险分担上存在一些区别。

1. 应收账款保理模式

在应收账款保理模式中，企业将其应收账款权益转让给保理公司，由保理公司提供资金融资。保理公司承担应收账款的管理和催收责任，并向企业提供预付款或即时融资，通常为应收账款金额的一定比例。保理公司在收取应收账款时，扣除预付款或融资金额后，将剩余款项返还给企业。此外，保理公司还承担了应收账款的风险，即如果客户未能按时支付账款或违约，保理公司将承担损失。

2. 应收账款质押模式

在应收账款质押模式中，企业将其应收账款作为抵押物向金融机构质押，以获取资金融资。企业继续自行管理和催收应收账款，并承担应收账款的风险。金融机构根据应收账款的价值和折扣率，为企业提供一定比例的融资。如果客户未能按时支付账款或违约，企业需要自行承担损失，并且金融机构

可能会要求企业提供额外的担保或保证。

3. 两者的区别

（1）风险承担。在应收账款保理模式中，保理公司承担了应收账款的风险，而在应收账款质押模式中，企业自行承担了风险。

（2）催收责任。在应收账款保理模式中，保理公司承担了应收账款的催收责任，而在应收账款质押模式中，企业继续自行管理和催收应收账款。

（3）资金来源。在应收账款保理模式中，资金来自保理公司，而在应收账款质押模式中，资金来自金融机构。

（4）管理控制。在应收账款保理模式中，保理公司对应收账款进行管理和监控，而在应收账款质押模式中，企业仍保留对应收账款的管理控制权。

综上所述，应收账款保理模式和应收账款质押模式在风险承担、催收责任、资金来源和管理控制等方面存在差异。企业可以根据自身需求和风险偏好选择适合的融资方式。两种模式的比较见表 4 - 1。

表 4 - 1   应收账款保理与应收账款质押模式的比较

对比项	应收账款质押	应收账款保理
适用范围	可质押的应收账款范围较广，包括出租债权等	仅限于供应链体系销售货物或提供服务产生的账款
债权转移	不转移应收账款的债权	将债权转移给银行
生效要件	登记公示	通知债务人
服务内容	提供贷款	提供融资方案、应收账款的催收、坏账担保等服务
财务结果	表现为企业的短期负债	不计入负债项
信用基础	融资企业的信用决定第一还款来源	取决于债务企业的信用

二、预付款融资

预付款融资是供应链金融中的一种融资方式，它在供应链中的预付款环节提供资金支持，以满足企业的资金需求。预付款融资在供应链金融中扮演着重要的角色。在供应链中，企业通常需要提前支付给供应商一定比例的预付款，以确保供应链的正常运转和产品的及时交付。然而，这种预付款往往会给企业带来资金压力，尤其是对于规模较大或扩张性较强的企业而言。

为解决这一问题，供应链金融提供了预付款融资的解决方案。预付款融资允许企业在支付预付款时获得资金的支持，从而减轻其资金压力并提高资金流动性。企业可以通过与金融机构或供应链金融平台合作，获得预付款融资，以满足日常经营和供应链的资金需求。

预付款融资的操作方式一般如下：企业与金融机构或供应链金融平台建立合作关系后，当企业需要支付预付款时，可以向金融机构或供应链金融平台申请预付款融资。金融机构或供应链金融平台会对企业的资信状况、供应链的稳定性以及预付款的合同和风险进行评估。一旦评估通过，金融机构或供应链金融平台将向企业提供相应的融资金额，用于支付预付款。企业在未来的交易中，根据约定的方式和时机偿还融资款项，以及支付相应的融资成本。

预付款融资的优势在于提供了灵活而便捷的资金支持。企业可以根据实际需求和预付款金额的大小，确定融资的规模和期限。同时，预付款融资还能够帮助企业优化现金流，提高供应链的效率和稳定性。通过减轻企业的资金压力，预付款融资为企业提供了更大的发展空间和机会。

然而，预付款融资也存在一定的风险。企业需要注意融资成本和偿还条件，并确保能够按时偿还融资款项，以免增加财务压力和信用风险。此外，与金融机构或供应链金融平台的合作关系也需要谨慎选择，确保其稳定性和可靠性。

总之，预付款融资在供应链金融中是一种有益的融资方式，可以帮助企业解决预付款带来的资金压力，并提高供应链的效率和稳定性。企业在选择预付款融资时应充分了解其操作方式、风险和优势，以确保融资的可行性和持续性。

选择合适的金融机构或供应链金融平台进行预付款融资是一个重要的决策，以下是一些需要考虑的因素和步骤：

（1）了解机构的专业性和经验。选择具有供应链金融专业知识和经验的金融机构或供应链金融平台。它们应该熟悉供应链的运作方式，了解相关的风险和挑战，并能够提供相应的解决方案。

（2）资金实力和可获得的融资规模。评估金融机构或供应链金融平台的资金实力和能力，以确定它们能够提供足够的融资规模来满足自己的预付款需求。了解它们的资金来源和融资成本，以确保融资方案符合自己的财务要求。

（3）评估风险管理能力。了解金融机构或供应链金融平台的风险管理能力与措施，包括对借款人的信用评估、风险控制和催收程序等，确保它们能够有效管理风险并保护自己的利益。

（4）融资条件和费用结构。仔细审查融资条件和费用结构，包括利率、手续费、期限等。比较不同金融机构或供应链金融平台的融资方案，选择最具竞争力和适合自己需求的选项。

（5）参考其他客户的评价和口碑。了解其他企业或客户对金融机构或供应链金融平台的评价和口碑。可以通过阅读客户评价、咨询行业同行或参与相关社区讨论，获取更多关于它们的经验和意见。

（6）考虑与供应链的整合性。选择能够与自己的供应链紧密整合和协同合作的金融机构或供应链金融平台。它们应该能够与自己的供应商和客户建立良好的合作关系，以支持整个供应链的资金流动和业务发展。

（7）法律合规性和信誉度。确保所选择的金融机构或供应链金融平台具备良好的法律合规性和信誉度。它们应该持有相关的金融牌照或证书，并遵守监管机构的规定和要求。

综上所述，选择合适的金融机构或供应链金融平台进行预付款融资需要综合考虑专业性、资金实力、风险管理能力、融资条件、口碑和整合性等因素。进行充分的调查和比较，与多个机构或平台进行沟通和洽谈，以确定最适合自己需求的合作伙伴。

三、存货质押融资

存货质押融资是供应链金融中常见的一种融资方式，它通过将存货作为抵押物，从金融机构或供应链金融平台获得资金支持。在供应链中，企业的存货往往是具有一定价值和流动性的资产。通过将存货作为抵押物，企业可以获得资金支持，满足日常经营和供应链的资金需求。

存货质押融资的操作方式一般如下：企业与金融机构或供应链金融平台建立合作关系后，企业将其存货作为质押物提供给金融机构或供应链金融平台。金融机构或供应链金融平台会对存货进行评估，确定其价值和可质押的比例。一旦评估通过，金融机构或供应链金融平台将向企业提供相应的融资金额，通常是存货价值的一定比例。企业在未来的交易中，根据约定的方式和时机偿还融资款项，以及支付相应的融资成本。

存货质押融资的优势在于充分利用了企业的存货价值，提供了一种相对灵活和便捷的融资方式。相比传统的抵押贷款，存货质押融资更加注重存货的价值和流动性，使企业能够更快速地获得资金支持。此外，存货质押融资还能够帮助企业优化存货管理，提高资金利用效率，减少存货积压和滞销的风险。

然而，存货质押融资也存在一定的风险和限制。企业需要注意存货的质量和市场行情，以确保其具有足够的价值和流动性来支持融资需求。此外，存货质押融资的融资比例通常较低，因为金融机构或供应链金融平台需要考虑存货价值的折算和风险控制。企业还需要注意融资成本和偿还条件，并确保能够按时偿还融资款项，以免增加财务压力和信用风险。

企业在选择存货质押融资时应充分了解其操作方式、风险和优势，并确保选择具备专业性和良好信誉的金融机构或供应链金融平台进行合作。

三种供应链金融融资模式对比见表4-2。

表4-2 三类供应链金融融资模式对比

对比项	预付款融资	存货质押融资	应收账款融资
参与者	上游供应商、银行、融资企业、第三方贷款人	融资企业、银行、第三方贷款人	买方、卖方银行
融资对象	下游制造商、分销商	任何节点企业	供应商（卖方）
融资企业所处的生产期间	欲购货物进行生产、销售	有稳定存货的任何期间	卖出货物，等待收款
质押物	欲购买的货物	仓单或存货	应收账款（债权）
融资用途	弥补采购资金的不足，获得大批量订购的折扣，稳定货源	质押资产获得流动资金，盘活存货	提前将应收账款变现，缓解资金压力

第三节 供应链金融的参与主体

供应链金融确实是一个系统性工程，涉及核心企业、资金端、资产端和风控端四个关键方面的协作。以下是对这四个方面的简要说明：

（1）核心企业。核心企业是供应链中的主要经营实体，通常是产品或服务的生产商或供应商。核心企业在供应链金融中起到关键的作用，它们需要与其他供应链参与方（如供应商、分销商、零售商等）建立合作关系，并提供订单、销售数据等信息，以便在供应链金融中进行资金流动和融资操作。

（2）资金端。资金端是指提供资金支持的金融机构或供应链金融平台。它们可以是银行、保险公司、投资基金、供应链金融科技公司等。资金端的主要职责是为供应链中的各个参与方提供融资服务，满足其资金需求。资金端需要评估风险、制订融资方案、管理资金流动等，以确保供应链金融的顺利运作。

（3）资产端。资产端是指供应链中的各种资产，如存货、应收账款、设备等。在供应链金融中，这些资产可以被充分利用，作为抵押物或质押物，为供应链参与方提供融资支持。资产端需要进行评估和管理，以确定其价值和可质押的比例，并确保其具有足够的流动性和可变现性。

（4）风控端。风控端是供应链金融中的风险管理部门或机构。它们负责评估和管理供应链中的各种风险，包括信用风险、市场风险、操作风险等。风控端需要制定风险管理策略和措施，监控供应链的运作情况，并采取必要的措施来减少风险和保护各方利益。

以上四个方面的配合和协作是供应链金融顺利进行的关键。核心企业提供订单和销售数据，资金端提供资金支持，资产端提供可质押的资产，而风控端则负责管理和控制风险。只有四方紧密合作，才能实现供应链金融的目标，促进资金流动和供应链的稳定与发展。

一、供应链金融中的核心企业与资金端建立合作关系

在供应链金融中，核心企业与资金端建立合作关系通常需要经过以下步骤：

（1）了解市场和选择合适的资金端。核心企业首先需要了解市场上的资

金端，包括银行、供应链金融科技公司、投资基金等。通过研究它们的融资产品、服务和利率等方面的信息，核心企业可以筛选出符合自身需求的合适资金端。

（2）联系和洽谈。核心企业可以与选定的资金端进行联系和洽谈，了解其合作条件、融资方案、要求和流程等。这可以通过电话、电子邮件、面谈等方式进行，以确保双方对合作关系有清晰的了解。

（3）提供相关信息和文件。核心企业在建立合作关系时，通常需要向资金端提供一些信息和文件，以便评估其信用状况和融资需求。这些信息和文件可能包括企业的财务报表、经营情况、购销合同、订单信息等。核心企业需要确保所提供的信息真实准确，并根据资金端的要求进行准备和提交。

（4）进行评估和审批。资金端会对核心企业进行评估和审批，以确定其融资申请的可行性和风险。这可能涉及对企业的财务状况、信用记录、市场前景等进行分析和评估。资金端可能还会要求核心企业提供更多的信息或进行现场考察。

（5）签订合作协议。如果资金端认可核心企业的融资申请，双方将会签订合作协议或融资合同。合作协议通常包括对融资金额、利率、还款条件、抵押物或质押物要求、违约责任等方面的约定。核心企业需要详细阅读合同条款，并确保自身能够履行合同的义务。

（6）资金流转和融资操作。一旦合作关系建立，核心企业可以根据合同约定的方式和条件，从资金端获得所需的融资支持。这可能包括贷款、票据融资、存货质押融资等形式。核心企业需要按时偿还融资款项，并遵守合同约定的其他责任和义务。

（7）建立核心企业与资金端的合作关系需要双方的积极合作和互信。核心企业应该选择信誉良好、专业可靠的资金端，同时提供准确完整的信息，以增加获得资金支持的机会。

二、供应链金融中的资金端评估风险并制订融资方案

在供应链金融中，资金端评估风险并制订融资方案是确保资金安全和获得回报的关键。以下是资金端在评估风险和制订融资方案时可能采取的一些常见步骤：

（1）评估供应链参与方的信用风险。资金端首先会评估供应链中各个参

与方的信用状况，包括核心企业、供应商、分销商等。这包括分析其财务状况、偿债能力、信用记录以及行业前景等。通过对信用风险的评估，资金端可以确定参与方的还款能力和风险承受能力。

（2）分析市场和行业风险。资金端会对供应链所处的市场和行业进行风险分析。这包括评估市场竞争情况、供需关系、价格波动性等因素。通过了解市场和行业的风险因素，资金端可以预测潜在的风险和挑战，并相应地制订融资方案。

（3）考虑操作风险。资金端还会关注供应链中的操作风险，包括生产环节的效率、质量控制、物流管理等。这些操作风险可能对供应链的稳定性和资金回收产生影响。资金端会评估供应链参与方的运营能力和风险控制措施，以确保资金安全和回报。

（4）确定抵押物或质押物。资金端会要求核心企业提供抵押物或质押物，作为融资的担保。资金端会评估这些抵押物或质押物的价值和可变现性。这可能包括对存货、应收账款等资产的评估和审查。通过确保担保物的价值足够覆盖融资金额，资金端可以减少潜在的损失和风险。

（5）制订融资方案。基于风险评估的结果，资金端将制订相应的融资方案。这包括确定融资额度、利率、还款期限和方式等。资金端会根据风险评估的结果，平衡资金提供和风险控制的要求，以确保资金安全和回报。

总体而言，资金端在评估风险和制订融资方案时需要综合考虑信用风险、市场风险和操作风险等多个方面。通过综合评估和科学的风险管理，资金端可以提供适当的融资支持，促进供应链的发展和资金流动。

三、供应链金融中的资产端及融资主体

供应链金融中的资产端是指供应链中的各种资产，如存货、应收账款、设备等，是供应链中各种可用于抵押或融资的资产。这些资产包括但不限于以下几个方面：

（1）存货（Inventory）。存货是指企业持有的商品、原材料或半成品等。在供应链金融中，存货可以作为资产端用于融资，例如通过库存融资或存货质押融资。

（2）应收账款（Accounts Receivable）。应收账款是企业向客户销售产品或提供服务后所形成的未收款项。供应链金融可以通过应收账款融资，将企

业尚未收到的款项提前兑现，以满足资金需求。

（3）设备和机械设备（Equipment and Machinery）。供应链中的设备和机械设备可以作为抵押物或担保物，用于获得融资支持。这种融资方式被称为设备融资或机械设备融资。

（4）不动产（Real Estate）。如果企业拥有不动产，如厂房、仓库或办公楼等，这些不动产可以作为资产端用于融资。例如，通过不动产抵押贷款或不动产融资租赁等方式。

（5）交易订单（Purchase Orders）。交易订单是指企业与客户之间已确认的购买订单。供应链金融可以基于交易订单提供融资支持，以帮助企业履行订单并满足客户需求。

供应链金融通过对这些资产进行评估和利用，为企业提供融资解决方案，以满足其资金需求和业务发展。资产端的多样性允许供应链金融机构根据企业的具体情况和资产状况制订融资方案，提供灵活、高效的融资服务。

（一）供应链金融中的融资主体

在供应链金融中，融资主体是指需要获取资金支持的实体或个体，包括核心企业、供应商、分销商等。融资主体在供应链金融中寻求资金，以满足其商业运营和资金需求。以下是一些融资主体在供应链金融中的角色和特点：

（1）核心企业。核心企业在供应链中扮演着主导角色，通常是供应链金融中的融资主体。核心企业通常是产品制造商或品牌商，它们在供应链中负责产品开发、生产和销售。核心企业需要融资支持来购买原材料、支付供应商款项，并确保供应链的正常运作。

（2）供应商。供应商是核心企业的直接供应商，负责向核心企业提供原材料、零部件或成品。供应商可能需要融资支持来满足订单需求、扩大生产规模或改进生产工艺。供应链金融可以为供应商提供融资解决方案，帮助它们解决流动资金短缺的问题。

（3）分销商。分销商是供应链中的销售渠道和销售代理商，负责将产品推向市场并与最终客户进行交易。分销商可能需要融资支持来支付购买产品的款项，以及满足市场的需求和扩大销售规模。

（4）小微企业。除了核心企业、供应商和分销商，供应链金融还可以支持小微企业的融资需求。小微企业是供应链中的重要一环，它们可能是核心企业的下游供应商或分销商，也可能是其他环节的参与方。供应链金融为小微企业提供融资支持，有助于解决其资金短缺问题，促进其业务的发展和增长。

融资主体在供应链金融中的特点包括对流动资金的需求、资金周转周期较长、与其他供应链参与方有紧密的业务联系等。供应链金融通过为融资主体提供定制化的融资解决方案，帮助它们解决资金短缺问题，促进供应链的协同发展和效率提升。

（二）供应链金融为小微企业提供融资服务

供应链金融可以为小微企业提供定制化的融资解决方案，以满足其特殊的融资需求和业务情况。以下是供应链金融为小微企业提供定制化融资解决方案的一些常见方式：

（1）资金需求评估。金融机构会与小微企业合作，深入了解其业务模式、资金需求和现有的融资状况。通过评估小微企业的资金需求，金融机构可以提供量身定制的融资方案，确保资金的准确匹配和合理使用。

（2）基于订单融资。对于小微企业来说，订单融资是一种常见的定制化融资方案。金融机构可以根据小微企业的订单和销售合同，提供资金支持。这种融资方式可以帮助小微企业解决生产和交付的资金短缺问题，将未来的收入转化为可用的资金。

（3）应收账款融资。小微企业往往面临应收账款回款周期较长的挑战。供应链金融可以为小微企业提供应收账款融资，即提前向企业支付应收账款的一部分金额。这有助于缩短现金回收周期，提高小微企业的资金流动性和周转效率。

（4）仓储融资。对于需要存储和管理库存的小微企业，供应链金融可以提供仓储融资解决方案。金融机构可以为小微企业提供资金支持，用于支付库存管理费用、仓储费用和物流成本等。通过提供仓储融资，金融机构可以帮助小微企业降低库存压力，优化资金运作和供应链效率。

（5）技术支持与咨询。供应链金融机构还可以为小微企业提供技术支持和咨询服务。它们可以帮助企业优化供应链管理、提高运营效率，并提供专业的财务管理建议。这种定制化的支持和咨询有助于小微企业在供应链金融中更好地应对挑战和机遇。

通过以上定制化融资解决方案，供应链金融可以满足小微企业的特殊需求，提供灵活、高效的资金支持，促进其业务增长和发展。这种定制化的融资解决方案有助于降低小微企业的融资风险，提高其在供应链中的竞争力和可持续发展能力。

四、供应链金融中的风控端降低风险并保护各方利益

在供应链金融中，风控端起着至关重要的作用，旨在减少风险并保护各方的利益。以下是供应链金融中的风控措施和方法，以确保资金安全和业务可持续发展：

（1）供应链可见性和信息共享。为了减少风险，供应链金融机构倡导供应链各参与方之间的信息共享和可见性。通过实时监控和共享供应链数据，风控端可以更好地了解供应链的运作情况，及时发现潜在风险，并采取相应的措施进行干预和管理。

（2）供应商审核和筛选。风控端在供应链金融中对供应商进行审核和筛选，以确保其财务状况稳定、信用良好，并具备履约能力。这有助于降低供应商违约和供应链中断的风险，并保护核心企业和其他供应链参与方的利益。

（3）风险评估和信用评级。供应链金融机构进行风险评估和信用评级，对供应链各参与方进行综合评估，以量化它们的风险水平和信用状况。通过评级结果，风控端可以制定相应的融资策略和措施，确保资金的安全和回收。

（4）多样化的融资方式。供应链金融提供多样化的融资方式，如应收账款融资、存货融资等。通过多元化的融资渠道，风控端可以分散风险，减少对单一资产或单一企业的依赖，从而保护各方的利益。

（5）监控和风险预警。风控端通过建立监控系统和风险预警机制，及时监测供应链中的关键指标和风险信号。一旦发现异常情况或潜在风险，风控端可以采取及时的措施，避免损失的扩大，并保护各方的利益。

（6）合同和法律保障。在供应链金融中，风控端通过合同和法律保障机制，确保各参与方的权益得到保护。合同规定了各方的权责义务，提供违约责任和索赔机制，以减少合作风险，并保护各方的合法权益。

通过以上风控措施和方法，供应链金融的风控端可以有效降低风险，保护各方的利益，确保供应链金融的安全稳定运作。这有助于增强供应链的可靠性和可持续性，促进供应链各参与方的合作和共赢。

（一）风控端应对供应链中断风险

供应链金融中的风控端面临着供应链中断风险，这可能是由供应商违约、自然灾害、政治不稳定等因素引起的。以下是供应链金融风控端应对供应链中断风险的一些关键措施：

（1）多元化供应商和供应链网络。风控端鼓励核心企业建立多元化的供应商和供应链网络。通过与多个供应商建立合作关系，风控端可以减少对单一供应商的依赖，以降低供应链中断风险。同时，建立备选供应商的数据库，以便在紧急情况下迅速转换供应商。

（2）预警系统和实时监测。风控端建立供应链的预警系统和实时监测机制，从而及时识别潜在的供应链中断风险。这可以通过监测供应商的财务状况、物流运输状况、市场变化等指标来实现。一旦发现异常情况，风控端可以立即采取行动，减少供应链中断的影响。

（3）库存管理和备货策略。风控端与核心企业合作，制定有效的库存管理和备货策略。这包括确保适当的库存水平、减少库存积压、定期盘点和跟踪库存状况等。通过优化库存管理，风控端可以减少供应链中断对资金流动和业务运营的冲击。

（4）风险保险和补偿机制。风控端可以与保险机构合作，购买供应链中断风险的保险产品。这可以为核心企业提供一定程度的经济保障，以应对供应链中断造成的损失。此外，风控端还可以与供应商签订合同，明确供应商在中断情况下的补偿责任和赔偿机制。

（5）灵活的融资方案和紧急资金支持。风控端应提供灵活的融资方案，以满足核心企业在供应链中断期间的资金需求。这包括临时性的融资安排、紧急资金支持或应急贷款等，以确保企业能够维持运营并度过供应链中断的困难时期。

通过以上措施，供应链金融风控端可以更好地应对供应链中断风险，减少其对供应链各方的影响，并确保供应链金融的稳定性和可持续性。

（二）常见的供应链金融风险

在供应链金融中，有多种常见的风险，其中包括核心企业信用风险和上下游企业信用风险。以下是供应链金融中的六种常见风险：

（1）核心企业信用风险。核心企业信用风险是指核心企业无法按时或按约履行支付义务的风险。如果核心企业无法及时支付供应商的货款或融资机构的还款，将导致供应商和融资机构面临资金流动问题，甚至可能引发供应链中断。

（2）上游企业信用风险。上游企业信用风险是指供应链中位于核心企业之上的供应商或合作伙伴的信用状况不佳，无法按时提供所需的原材料、零部件或产品。这可能导致核心企业生产延误、订单无法完成或产品质量问题，从而对供应链产生负面影响。

（3）下游企业信用风险。下游企业信用风险是指供应链中位于核心企业之下的分销商、零售商或最终用户的信用状况不佳，无法按时支付货款。这可能导致核心企业面临资金回笼困难、现金流问题以及销售下滑的风险。

（4）物流运输风险。物流运输风险涉及货物在供应链中的运输和交付过程中可能发生的问题。这包括货物损坏、丢失、延误、运输事故等。这些风险可能导致订单无法按时交付，影响供应链的正常运作。

（5）市场需求波动风险。市场需求的波动性可能对供应链金融产生影响。当市场需求下降时，核心企业可能面临库存积压、销售下滑和资金流动问题。这也会对供应链中的其他参与方产生连锁反应。

（6）外部环境风险。外部环境风险包括自然灾害、政治不稳定、法律法规变化等不可控因素。这些风险可能导致供应链中断或受损，影响供应商的生产能力、物流运输和市场稳定性，进而对供应链金融产生负面影响。

针对这些风险，供应链金融机构和参与方需要进行风险评估和管理，采取相应的措施来减轻风险影响，例如建立信用评估体系、选择可靠的合作伙伴、采取保险措施、提供紧急资金支持等。这样可以增强供应链金融的稳定性和可持续性。

（三）供应链金融风险的特点及应对措施

供应链金融风险具有依赖性、多样性、动态性、传递性和不对称性等特点。了解和应对这些特点是有效管理供应链金融风险的关键。供应链金融风险具有以下几个特点：

（1）依赖性。供应链金融涉及多个参与方，包括核心企业、供应商、物流公司和金融机构等。这些参与方之间存在紧密的依赖关系，一方的风险可能会对整个供应链产生连锁反应，导致风险扩散和传导。

（2）多样性。供应链金融涉及多种类型的风险，包括信用风险、操作风险、市场风险和流动性风险等。这些风险的来源和影响因素多样化，需要综合考虑和管理。

（3）动态性。供应链金融风险具有时效性和动态性。供应链中的环节和参与方可能会发生变化，市场条件和经济环境也会不断变化，因此风险的性质和程度也会随之变化。

（4）传递性。供应链金融风险具有传递性和扩散性。一方面，供应链中的风险可能会从核心企业传递给供应商和其他参与方，威胁到整个供应链的稳定性；另一方面，供应链金融风险也可能会传递给金融机构，对其资金安全和回收造成影响。

（5）不对称性。不同参与方在供应链金融中承担的风险和利益可能存在不对称性。核心企业通常具有更多的信息和资源，而供应商和金融机构可能面临更多的风险。这种不对称性需要通过合理的合同和风险分担机制加以平衡。

基于以上供应链金融的特点，当面临供应链金融风险时，以下是一些减轻这些风险的具体措施：

（1）多元化供应商网络。建立多个可靠的供应商和合作伙伴，分散风险。这样，如果一个供应商出现问题，可以迅速切换到其他供应商，以确保供应链的连续性。

（2）建立供应链金融合作伙伴关系。与金融机构建立紧密的合作伙伴关系，利用其专业知识和资源来提供融资、风险管理和保险等方面的支持。这可以增加资金流动性和降低信用风险。

（3）强化风险评估和监控。定期对供应链中的各方进行风险评估，并建立有效的监控机制。这可以帮助及早发现风险信号，采取必要的措施来减轻风险。

（4）合理的合同管理。确保与供应商和合作伙伴之间的合同明确规定了责任、义务和风险分担等方面的内容。合同应具备可执行性，并包含适当的违约责任条款，以降低违约风险。

（5）库存管理和物流优化。实施有效的库存管理策略，避免库存积压和过度依赖某个环节。同时，优化物流运作，确保货物的及时交付和运输安全，降低物流风险。

（6）使用供应链金融工具。利用供应链金融工具来提高供应链的资金流动性和灵活性。例如，采用应收账款融资、订单融资、库存融资等方式，解决资金短缺问题，并减少供应链中的资金风险。

（7）建立紧急应对机制。制订应急计划和灾难恢复计划，以应对突发事件和不可预见的风险。这包括与供应商、物流合作伙伴和金融机构之间的紧密沟通与合作，以最大程度减少中断和损失。

这些措施并非详尽无遗，实际应用时应根据具体情况和风险特点进行调整与完善。同时，供应链金融参与方应加强沟通与合作，共同应对供应链金融风险，以确保供应链的稳定和可持续发展。

（四）供应链金融业务的风险管控机理

供应链金融业务的风险管控机理主要包括以下几个方面：

第一，风险评估和定价是关键步骤。通过对参与方的信用状况、经营情况、财务状况等进行评估，量化风险程度，并根据评估结果制定合理的定价策略，确保风险与回报之间的平衡。

第二，合同管理和法律保障是不可或缺的。建立明确的合同和协议，明确各方的权利、义务和责任，并规定风险分担机制、违约责任和争议解决等条款，提供法律保障，确保各方履行合同义务。

第三，实时风险监控和预警是必要的措施。建立有效的监控系统，实时追踪供应链金融交易的风险指标和变化情况。通过预警机制，及时发现潜在风险和异常情况，采取相应的风险控制措施，避免风险进一步扩大。

第四，多样化的担保和保险手段能够降低风险。采用应收账款质押、存货质押、保理业务、信用保险等方式，提供额外的保障，降低信用风险和违约风险。

第五，资金流动性管理是关键。合理管理供应链金融业务中的资金流动性，确保资金的充足性和及时性。通过合理的融资结构、资金周转机制和流动性管理策略，降低资金短缺和流动性风险。

第六，紧密的合作与沟通是重要因素。与核心企业、供应商、物流合作伙伴和金融机构建立紧密的合作关系和沟通机制，加强信息共享和协作，并及时采取措施应对供应链中的变化和风险。

第七，灾备和应急计划是应对突发事件与不可预见风险的重要手段。制订应急计划和灾备机制，包括建立灾备中心、备份数据、制订灾难恢复计划等，以保障业务的连续性和稳定性。

综上，供应链金融业务的风险管控机理涵盖了风险评估和定价、合同管理和法律保障、实时风险监控和预警、多样化的担保和保险手段、资金流动性管理、紧密的合作与沟通以及灾备和应急计划等方面。这些机制的有效实施有助于提高供应链金融业务的风险管理水平，确保供应链金融的稳定和可持续发展。

（五）风控端确保供应链金融的资金安全和回收

风控端在供应链金融中扮演着重要的角色，确保资金安全和回收的关键措施包括以下几个方面：

（1）严格的风险评估。对参与供应链金融的核心企业、上下游企业以及其他相关方进行全面的信用评估和风险评估。通过评估各方的信用状况、经营情况、财务状况等指标，识别潜在的风险，并据此制定相应的措施和限额。

（2）建立合理的融资结构。根据风险评估结果，制定合理的融资结构和额度。确保融资金额与核心企业的实际需求和还款能力相匹配，避免过度融资和集中风险。

（3）严格的合同管理。与核心企业和供应链其他参与方签订明确、具有可执行性的合同，明确各方的权益和责任，并规定还款义务和违约责任。合同的有效执行和管理有助于确保资金回收，并在违约情况下采取相应的法律手段。

（4）实时监控和风险预警。建立有效的监控系统，实时跟踪核心企业和供应链其他参与方的经营状况、财务状况和市场动态。通过预警机制，及时发现潜在风险和异常情况，并采取相应的风险控制和调整措施。

（5）多样化的担保和保险手段。采取多种担保和保险手段来保护资金安全与回收。这包括应收账款质押、存货质押、保理业务、信用保险等方式，以减轻信用风险和违约风险。

（6）紧密的合作与沟通。与核心企业、供应商、物流合作伙伴和金融机构建立紧密的合作关系和沟通机制。加强信息共享和协作，及时了解供应链的变化和风险，共同制定风险管理策略和应对措施。

综上所述，通过严格的风险评估、合理的融资结构、严格的合同管理、实时监控和风险预警、担保和保险手段以及紧密的合作与沟通，风控端可以确保供应链金融的资金安全和回收。这些措施能够帮助降低信用风险、操作风险和市场风险，保障供应链金融的稳定性和可持续性。

第四节　供应链金融在电子商务中的应用

供应链金融在电子商务中的应用可以为电子商务企业和供应链上的各个参与方提供融资、风险管理和增值服务。通过与电子商务平台合作和引入创新模式，供应链金融与电子商务的结合为促进供应链的高效运作和电子商务的可持续发展提供了有力支持。

首先，供应链金融可以为电子商务企业提供融资服务，解决其资金周转问题。电子商务企业通常面临大量订单和交易，需要大量资金支持其运作。基于电子商务平台的交易数据和商户信用评估，金融机构可以为电子商务企业提供融资解决方案，如应收账款融资、存货融资等，帮助其快速获取资金，并满足订单的履约需求。

其次，供应链金融还可以为供应商提供融资服务，缓解其资金压力。在电子商务的供应链中，供应商常常需要提前垫付原材料和生产成本，等待电子商务企业的支付，这导致供应商面临资金短缺的问题。通过供应链金融的应收账款保理服务，供应商可以将应收账款转让给金融机构，提前获得资金，缓解其资金压力，并加速供应链的运转。

最后，供应链金融还可以为电子商务企业和供应链上的其他参与方提供风险管理服务。电子商务企业的成功与否与供应链上的各个环节密切相关。供应链金融可以通过供应链的信用风险评估、仓储物流风险管理等手段，帮助电子商务企业识别和管理供应链中的潜在风险。这有助于提高供应链的稳定性和可靠性，减轻风险对电子商务企业的影响。

为了进一步促进供应链金融在电子商务中的应用，一些电子商务平台也提供了供应链金融功能。电子商务平台可以与金融机构合作，为商户提供融资服务和风险管理工具。通过电子商务平台提供的应收账款管理和结算服务，商户可以更加便捷地处理应收账款，加速资金回笼。此外，电子商务平台还可以为商户推荐适合的供应链金融产品和服务，帮助商户选择最优解决方案。

一、供应链金融与电子商务概述

供应链金融与电子商务是当今商业领域中两个重要的概念。供应链金融是指基于供应链关系中的交易和流动资金需求，通过金融机构提供的各种金融服务，满足供应链各参与方的融资和风险管理需求。电子商务则是指通过互联网和电子平台进行商品与服务的交易及销售活动。这两个领域的结合为商业运作带来了新的机遇和挑战。下文将探讨供应链金融在电子商务中的应用。

供应链金融与电子商务的结合可以为电子商务企业和供应链上的各个参与方带来多重好处。首先，供应链金融可以为电子商务企业提供融资便利。电子商务企业通常需要大量的资金来支持其运营和扩展，而供应链金融可以通过应收账款融资、存货融资等方式，帮助企业解决资金周转问题，提供灵活的融资解决方案。

其次，供应链金融可以为供应商提供应收账款保理服务，提前获得资金。在电子商务的供应链中，供应商通常需要垫付原材料和生产成本，等待电子商务企业的支付，这会导致供应商面临资金短缺的问题。通过供应链金融的应收账款保理服务，供应商可以将应收账款转让给金融机构，提前获得资金，缓解资金压力，加速供应链的运转。

最后，供应链金融还可以为电子商务企业和供应链上的其他参与方提供风险管理服务。电子商务企业的成功与否与供应链上的各个环节密切相关，而供应链金融可以通过供应链的信用风险评估、仓储物流风险管理等手段，帮助电子商务企业识别和管理潜在风险，提高供应链的稳定性和可靠性。

供应链金融在电子商务中的应用为电子商务企业和供应链上的各个参与方提供了融资、应收账款保理、风险管理和增值服务的机会。通过供应链金融，电子商务企业可以解决资金周转问题，供应商可以获得资金支持，供应链的风险管理也得到了加强。这种结合为提升供应链的效率和电子商务的可持续发展提供了有力支持。

二、电子商务中的供应链金融服务

电子商务的迅速发展给供应链金融带来了新的机遇和挑战。供应链金融服务在电子商务中扮演着重要的角色，为电子商务企业和供应链上的各个参与方提供融资、风险管理和增值服务。以下介绍电子商务中的供应链金融服务及其应用。

（1）融资服务。供应链金融为电子商务企业提供了多种融资解决方案。电子商务企业通常需要大量的资金来支持其运营和扩展，例如采购商品、扩大库存和物流运输等。供应链金融可以通过应收账款融资、存货融资等方式，根据电子商务平台的交易数据和商户信用评估，为企业提供灵活的融资服务，帮助其满足资金需求。

（2）应收账款保理服务。在电子商务的供应链中，供应商通常需要提前垫付原材料和生产成本，等待电子商务企业的支付，这导致供应商面临资金压力。供应链金融通过应收账款保理服务解决了这一问题。供应商可以将应收账款转让给金融机构，提前获得资金，减轻资金压力，加速供应链的运转。

（3）风险管理服务。供应链金融在电子商务中还提供风险管理服务。电子商务企业的成功与否与供应链上的各个环节密切相关。供应链金融通过供应链的信用风险评估、仓储物流风险管理等手段，帮助电子商务企业识别和管理潜在风险。这有助于提高供应链的稳定性和可靠性，减轻风险对电子商务企业的影响。

供应链金融服务在电子商务中发挥着重要作用。融资服务帮助电子商务企业解决资金周转问题，应收账款保理服务给供应商提供资金支持，风险管理服务提高供应链的稳定性和可靠性。供应链金融的应用为电子商务的可持续发展提供了有力支持，促进了供应链的高效运作。随着电子商务的不断发展，供应链金融服务将继续发挥重要的作用，为电子商务企业和供应链上的各个参与方创造更多的机会与价值。

供应链金融在电子商务中的成功案例如下：

（1）阿里巴巴集团。阿里巴巴是全球最大的电子商务平台之一，其成功部分得益于供应链金融服务的应用。阿里巴巴通过自身的金融子公司蚂蚁金服提供供应链金融服务，为卖家和买家提供融资、支付和信用保障等解决方案。通过将供应链金融与电子商务相结合，阿里巴巴帮助中小企业实现了更便捷的融资渠道和风险管理，促进了电子商务的发展。

（2）Wish。Wish 是一个知名的跨境电子商务平台，其成功案例中，供应链金融发挥了重要作用。Wish 与多家供应链金融机构合作，为其卖家提供融资服务，包括应收账款融资和库存融资。这些供应链金融服务帮助 Wish 的卖家解决了资金周转问题，加速了商品的采购和交付，提高了平台的交易效率和用户体验。

（3）京东。京东是中国著名的综合性电子商务平台，其供应链金融服务在电子商务领域取得了成功。京东通过自身的金融子公司京东金融，为供应商和合作伙伴提供供应链金融解决方案，包括供应链金融结算、供应链金融风控和供应链金融资产管理等服务。这些供应链金融服务有助于提升供应链的效率和可靠性，促进了京东电子商务平台的发展。

这些成功案例表明，供应链金融在电子商务中发挥了重要作用。通过提供融资、支付和风险管理等服务，供应链金融促进了电子商务企业和供应链上的各个参与方的合作与发展，推动了整个电子商务生态系统的繁荣。

三、电子商务平台的供应链金融功能

电子商务平台的供应链金融功能主要涉及以下方面：

（1）融资服务。电子商务平台提供融资服务，使卖家能够获得资金支持以满足其运营和销售需求。这可以包括应收账款融资、库存融资、订单融资等形式的融资解决方案。平台可以基于卖家的销售数据和历史交易记录评估其信用状况，为其提供相应的融资额度和利率。

（2）供应链支付。电子商务平台提供供应链支付服务，简化交易过程中的资金流动。它可以为买家和卖家提供安全、高效的支付通道，确保交易款项的及时清算和结算。这包括在线支付、第三方支付、批量结算等功能，为供应链上的各个参与方提供方便和可靠的支付解决方案。

（3）信用评估。电子商务平台可以根据卖家的交易数据和历史表现，进行信用评估和风险管理。这有助于确保供应链的稳定性和可靠性。平台可以为卖家建立信用档案，评估其供应能力、交货准时性和售后服务等方面的表现，从而帮助买家选择合适的供应商。

（4）供应链数据分析。电子商务平台可以利用大数据和人工智能技术，对供应链数据进行分析和挖掘。通过分析订单、库存、销售等数据，平台可以提供供应链的关键指标和趋势分析，帮助卖家和买家做出更准确的决策，优化供应链的运作效率。

（5）风险管理。电子商务平台提供风险管理服务，帮助卖家和买家识别和管理供应链中的潜在风险。这可以包括信用风险管理、供应商可靠性评估、产品质量检测等措施。平台可以建立信用评级体系，对供应链上的各个参与方进行风险评估和监控，减少交易风险和不确定性。

通过以上供应链金融功能，电子商务平台能够提供全面的供应链金融服务，支持卖家和买家的资金、支付安全、信用评估和风险管理等方面的需求，并促进供应链的高效运转。

（一）电子商务平台的供应链数据分析和挖掘

电子商务平台进行供应链数据分析和挖掘需要综合运用数据收集和整合，数据存储和管理，数据分析工具和技术，以及关键指标和趋势分析等手段。这样可以从供应链数据中提取有价值的信息和洞察，为平台用户提供更好的决策支持和业务优化建议。电子商务平台进行供应链数据分析与挖掘通常依赖于以下方法和技术：

（1）数据收集和整合。平台首先需要收集和整合与供应链相关的数据，这包括订单数据、库存数据、交易数据、物流数据以及供应商和买家的信息等。平台可以通过内部系统和外部数据源获取这些数据，并进行数据清洗和整合，以确保数据的准确性和一致性。

（2）数据存储和管理。平台需要建立适当的数据存储和管理系统，以有效地存储和管理供应链数据。这可以包括使用关系型数据库或大数据技术，如 Hadoop 和 Spark 等，来处理和存储大规模的数据集。平台还可以采用数据仓库或数据湖等数据架构，以支持数据的快速查询和分析。

（3）数据分析工具和技术。平台需要使用适当的数据分析工具和技术来挖掘供应链数据的洞察。这可以包括统计分析、数据挖掘、机器学习和人工智能等技术。平台可以使用数据可视化工具和仪表板来呈现与传达数据分析的结果，使用户能够直观地理解和利用这些洞察。

（4）关键指标和趋势分析。平台可以通过供应链数据分析来计算和监测关键指标与趋势。这包括订单处理时间、库存周转率、供应商交货准时率、产品销售趋势等。通过对这些指标和趋势的分析，平台可以帮助用户了解供应链的运作状况，发现潜在的问题和机会，并做出相应的决策和优化措施。

（5）预测和优化模型。平台可以利用数据分析和挖掘技术来构建预测和优化模型，以改进供应链的规划和决策。这可以包括需求预测模型、库存优化模型、供应商选择模型等。通过这些模型，平台可以帮助用户在供应链中做出更准确的预测和决策，提高供应链的效率和响应能力。

（二）电子商务平台风险管理减少卖家和买家交易风险

电子商务平台的风险管理服务通过信用评估和监控、供应商可靠性评估、交易保障和争议解决、数据分析和预测等手段，帮助卖家和买家减少交易风险与不确定性。这有助于建立可靠的供应链合作关系，提高交易的可靠性和效率。电子商务平台的风险管理服务可以通过以下方式帮助卖家和买家减少交易风险与不确定性：

（1）信用评估和监控。平台可以对供应链上的卖家和买家进行信用评估和监控，通过分析其历史交易记录、支付能力、信用评级等指标，可以评估其信用状况和可靠性。这有助于买家选择合适的供应商，降低与不可靠供应商合作的风险。同时，卖家也可以通过信用评估来识别潜在的付款风险，减少与不良买家的交易。

（2）供应商可靠性评估。平台可以对供应商的可靠性进行评估，这包括评估供应商的交货准时性、产品质量和售后服务等方面。通过对供应商的评估，平台可以帮助买家选择可靠的供应商，减少供应链中的交货延迟和质量问题，降低交易风险。

（3）交易保障和争议解决。平台可以提供交易保障措施，以减少交易风险。这包括资金托管、第三方支付、交易纠纷解决机制等。平台可以确保买家的支付安全，同时为卖家提供支付保障，以降低付款风险。此外，平台也可以提供争议解决机制，帮助双方在交易纠纷发生时进行调解和解决，减少不确定性和法律纠纷的风险。

（4）数据分析和预测。平台可以利用供应链数据分析和预测技术，帮助卖家和买家识别潜在的风险与不确定性。通过分析订单、库存、销售等数据，平台可以提供供应链的关键指标和趋势分析，帮助用户及时发现风险信号并采取相应的措施。此外，通过预测模型，平台可以帮助用户做出更准确的预测，减轻不确定性的影响。

（三）电子商务平台的供应链支付服务

电子商务平台提供供应链支付服务的目的是简化和加速供应链中的资金流动。这种支付服务通常包括以下方面：

（1）在线支付。电子商务平台提供在线支付功能，允许买家在下单时直接通过平台进行支付。这种支付方式方便快捷，可以减少传统的线下支付环节，提高交易的效率和安全性。平台通常提供多种支付方式，如信用卡支付、电子钱包支付、银行转账等，以满足不同用户的需求。

（2）第三方支付。电子商务平台可以整合第三方支付服务提供商，使买家和卖家能够使用广泛接受的第三方支付工具进行交易。这些第三方支付工具可以提供更多的支付选择，如支付宝、微信支付、PayPal 等。通过与第三方支付服务提供商合作，平台可以提供安全、方便和可靠的支付渠道，降低交易的风险。

（3）批量结算。电子商务平台可以提供批量结算功能，简化供应链中的结算过程。这种功能允许平台将多笔交易的款项进行合并结算，减少买家和卖家的结算频次与手续费用。通过批量结算，平台可以提高资金使用效率，加快交易结算速度，提供更好的资金管理体验。

（4）跨境支付。对于跨境交易，电子商务平台可以提供跨境支付解决方案。这包括与外汇支付服务提供商合作，为买家和卖家提供便捷的跨境支付通道。通过跨境支付服务，平台可以处理不同国家和地区之间的货币兑换与支付问题，降低跨境交易的支付风险和不确定性。

（5）支付安全和风险管理。电子商务平台重视支付安全和风险管理。平台会采取各种措施，如加密技术、身份验证、风险监控等，保护用户的支付信息和资金安全。同时，平台也会建立风险管理体系，监测和防范支付风险，例如欺诈交易、信用卡盗刷等。

（6）通过提供供应链支付服务，电子商务平台能够简化交易过程，提高支付的安全性和效率，为卖家和买家提供便利的支付选择，促进供应链的畅通运作。以下是电子商务平台提供的支付方式在供应链中的一些具体应用场景：

订单支付。在供应链中的最基本应用场景是买家对订单进行支付。买家可以通过电子商务平台提供的在线支付功能，使用信用卡、电子钱包或其他支付方式直接支付订单金额。这种支付方式可以确保交易的及时完成，并能促进卖家资金流动的迅速性。

分阶段支付。某些供应链交易可能需要分阶段支付，特别是对于大型采购或定制产品等场景。电子商务平台可以支持买家和卖家达成分阶段支付协议，并根据交付里程碑或合同条款的完成情况，释放相应的支付金额。这有助于减少交易风险，并确保双方按照约定履行合同。

供应商支付。电子商务平台可以与供应商建立合作关系，并提供供应商支付服务。这包括将买家的支付款项直接转至供应商的账户，简化支付流程。这种支付方式可以促进供应链中的资金流动，减少买家与供应商之间的支付环节与时间。

批量结算。对于批量交易或批发业务，电子商务平台可以提供批量结算的支付服务。平台可以将多个订单的支付合并，一次性结算给卖家，减少结算的频次和手续费用。这种支付方式可以提高卖家的资金使用效率，降低运营成本，并简化供应链中的支付管理。

跨境支付。对于跨境供应链交易，电子商务平台的跨境支付解决方案可以帮助买家和卖家处理不同国家与地区之间的支付问题。平台可以提供外汇支付服务，将买家的本地货币转换为卖家的目标货币，并完成跨境支付。这种支付方式可以降低跨境交易的支付风险和不确定性。

总之，电子商务平台提供的支付方式在供应链中的应用场景包括订单支付、分阶段支付、供应商支付、批量结算和跨境支付等。这些支付方式能够简化支付流程、提高资金流动的效率，并降低交易风险，促进供应链的顺畅运作。

第五节　供应链金融行业存在的问题

一、供应链金融施行中的问题

供应链金融在施行过程中可能会面临以下问题：

（1）供应链管理的不成熟。供应链金融需要一个稳定、高效的供应链管理系统来支持其运作。然而，许多公司在供应链管理方面都存在不成熟的问题，如信息不透明、协调困难等。这可能导致供应链金融的推行困难，因为金融机构在缺乏准确和可靠的供应链数据时可能不愿意提供融资支持。

（2）供应链金融的技术薄弱。供应链金融依赖于信息技术来实现数据共享、风险评估和交易处理等功能。然而，一些公司可能缺乏先进的技术基础设施，无法提供准确、实时的供应链数据，这可能导致金融机构难以进行风险评估和决策，限制了供应链金融的发展。

（3）供应链金融风险控制体系不完善。供应链金融涉及多个参与方，包括供应商、分销商、金融机构等。在这个复杂的生态系统中，风险控制至关重要。然而，目前供应链金融的风险控制体系可能还不够完善。例如，供应链中的信息不对称、欺诈行为、供应商的违约等问题可能会导致金融机构面临较高的风险。需要建立更完善的风险评估和监控机制，以降低供应链金融的风险。

解决这些问题需要供应链管理、金融机构和科技公司等各方共同努力。供应链管理需要加强协调和信息共享，提高供应链的透明度和可靠性。金融机构需要积极推动技术创新，提供更智能化、自动化的供应链金融服务。同时，建立完善的风险控制体系，包括数据分析、风险评估和监控机制，以降低供应链金融的风险水平。

（一）供应链管理的不成熟

供应链管理的不成熟是供应链金融推行中的一个问题。导致供应链管理不成熟的主要因素包括：

（1）信息不透明。供应链中的各个环节涉及多个参与方，包括供应商、分销商、物流公司等。然而，信息在供应链中的流动可能存在障碍，导致参与方之间的信息不透明。缺乏准确、实时的供应链数据使得供应链管理变得困难，难以准确评估供应链的风险和效率。

（2）协调困难。供应链管理涉及多个环节和参与方之间的协调与合作。然而，不同环节之间的协调可能存在困难，导致供应链的流程不畅、效率低下。例如，订单管理、库存管理、物流配送等环节之间的信息共享和协同操作可能受到限制，影响整个供应链的运作。

（3）缺乏合作文化。供应链管理需要各个参与方之间的紧密合作和共同的利益追求。然而，一些公司可能缺乏合作文化，更注重自身的利益而忽视整个供应链的利益。这一问题可能导致信息不共享、协调困难以及合作关系的不稳定性。

（4）技术基础设施不足。供应链管理需要依赖信息技术来进行数据收集、分析和共享。然而，一些公司可能缺乏先进的技术基础设施，无法实现高效的信息交流和数据管理。这限制了供应链管理的能力，影响供应链金融的推行和发展。

为解决供应链管理的不成熟问题，各方应共同努力。供应链参与方应加强沟通与合作，建立信息共享机制，提高供应链的透明度和可靠性。同时，投资信息技术，建立先进的供应链管理系统，实现供应链数据的准确记录和实时监控。此外，推动供应链管理的专业化和培养相关人才也是提高供应链管理成熟度的重要方面。

（二）供应链金融的技术薄弱

供应链金融的技术薄弱是供应链金融推行中的一个问题，导致供应链金融技术薄弱的主要因素包括：

（1）数据集成和共享的困难。供应链金融需要各个环节的数据集成和共享，以便进行风险评估、资金流转和交易处理等操作。然而，供应链中的数据通常存储在不同的系统和数据库中，数据格式和标准也存在差异，导致数据集成和共享变得困难。缺乏统一的数据平台和标准化的数据交换机制限制了供应链金融技术的发展和应用。

（2）实时数据的获取和处理能力不足。供应链金融需要及时获取供应链中的数据，并进行实时的风险评估和决策。然而，一些供应链中的公司可能缺乏实时数据的获取和处理能力。数据收集和处理的延迟导致供应链金融无法及时响应供应链中的风险和变化，限制了供应链金融的效能和灵活性。

（3）缺乏智能化和自动化技术支持。供应链金融需要借助智能化和自动化技术来提高效率与精确度。例如，人工智能、大数据分析和区块链等技术可以用于风险评估、交易验证与智能合约等方面。然而，一些供应链中的公司可能缺乏这些技术的应用和应对能力，导致供应链金融技术的薄弱。

（4）安全和隐私保护的挑战。供应链金融涉及大量的数据交换和共享，其中可能包含敏感的商业和财务信息。因此，确保数据的安全和隐私保护成为供应链金融技术面临的重要挑战。一些供应链中的公司可能缺乏有效的安全措施和隐私保护机制，使得金融机构对数据的信任度降低，限制了供应链金融技术的应用和发展。

要解决供应链金融技术薄弱的问题，需要供应链参与方、金融机构和科技公司等各方共同努力，具体包括：建立统一的数据平台和标准，促进数据的集成和共享；投资先进的信息技术，提升供应链金融的数据处理和分析能力；推动智能化和自动化技术的应用，提高供应链金融的效率和精确度；注重数据安全和隐私保护，建立健全的安全措施和法律法规框架，增强金融机构对供应链金融技术的信任度。

（三）供应链金融风险控制体系不完善

供应链金融风险控制体系的不完善是供应链金融推行中的一个问题。导致供应链金融风险控制体系不完善的主要因素有：

（1）信息不对称。供应链中的各个参与方可能拥有不同的信息和利益，导致信息不对称的情况。金融机构在进行供应链金融决策时，需要准确了解供应链中各个环节的风险情况。然而，供应链中的信息不对称可能导致金融机构无法获得准确和全面的信息，从而影响风险的评估和控制。

（2）欺诈行为和不诚信行为。供应链金融涉及多个参与方，包括供应商、分销商、金融机构等。其中，一些参与方可能存在欺诈行为或不诚信行为，如虚假报告、资金挪用等。这些行为可能对供应链金融的风险控制造成重大影响，导致金融机构面临潜在的损失。

（3）不稳定的合作关系。供应链金融需要各个参与方的合作和协调。然而，供应链中的合作关系可能存在不稳定性，如供应商的违约、物流延迟等问题。这些不稳定的合作关系可能导致供应链金融的风险增加，金融机构难以预测和控制风险。

（4）缺乏有效的风险评估和监控机制。供应链金融需要建立有效的风险评估和监控机制，及时发现和应对潜在的风险。然而，目前供应链金融的风险评估和监控机制可能还不够完善，无法全面、准确地评估供应链中的风险，并及时采取相应的措施进行控制。

为解决供应链金融风险控制体系不完善的问题，需要采取以下措施：

（1）加强信息共享和透明度。各个参与方应共同努力，建立有效的信息共享机制，提高供应链中的信息透明度，减少信息不对称的情况。

（2）强化风险管理能力。金融机构应加强对供应链金融的风险评估和控制能力，建立完善的风险管理体系，包括风险评估模型、风险监控工具等。

（3）加强对合作伙伴的尽职调查。金融机构在选择供应链金融合作伙伴时，应进行充分的尽职调查，评估其信用状况和合规性，减少欺诈和不诚信行为的发生。

（4）推动合同和法律法规的规范化。建立健全合同制度和法律法规框架，明确各方的权益和责任，提高供应链金融的合规性和风险控制能力。

（5）利用技术手段提升风险控制效能。应用先进的技术手段，如人工智能、大数据分析、区块链等，提升风险控制的效能。这些技术可以用于数据分析、风险预警、交易验证等方面，帮助金融机构更好地识别和控制供应链金融中的风险。

（6）加强监管和监督。监管机构应加强对供应链金融的监管和监督，确保金融机构和供应链参与方遵守相关规定与标准，加强风险控制的有效性和合规性。

综上所述，解决供应链金融风险控制体系不完善的问题需要各方的合作与努力，包括加强信息共享和透明度、强化风险管理能力、加强对合作伙伴的尽职调查、推动合同和法律法规的规范化、利用技术手段提升风险控制效能以及加强监管和监督等措施。这样可以提升供应链金融的风险控制水平，促进其可持续发展。

二、供应链金融发展中的潜力和挑战

供应链金融作为一种金融创新模式，在近年来得到了广泛的关注和应用。然而，供应链金融在发展过程中仍存在一些不足之处。我们从供应链金融的发展潜力、面临的挑战以及解决方案等方面进行探讨。

供应链金融的发展潜力巨大。通过将金融服务与供应链进行深度融合，可以为供应链中的各个参与方提供更为灵活和便捷的融资渠道，缓解资金压力，促进供应链的流畅运作。此外，供应链金融还能够有效降低交易成本，提高供应链的效率和可持续发展能力。因此，供应链金融在推动实体经济发展、促进供应链优化和增强金融机构服务能力等方面具有巨大的潜力。

然而，供应链金融在实际应用中面临着一些挑战。首先，信息不对称和信用风险是供应链金融的主要难题之一。供应链中的各个参与方拥有不同的信息和利益，容易导致信息不对称，从而增加信用风险。其次，供应链中还存在着不稳定的合作关系和可能的欺诈行为，这会给供应链金融的风险控制带来困难。最后，供应链金融的技术薄弱也是一个问题，数据集成和共享困难、实时数据获取和处理能力不足以及缺乏智能化和自动化技术支持等问题限制了供应链金融的发展。

为了解决这些不足，需采取一系列的解决方案。首先，加强信息共享和透明度，建立统一的数据平台和标准，促进供应链中各个参与方之间的信息共享，减少信息不对称。其次，提升风险管理能力，金融机构应加强对供应链金融的风险评估和控制能力，建立完善的风险管理体系，包括风险评估模型、风险监控工具等。再次，加强对合作伙伴的尽职调查，建立健全合同制度和法律法规框架，明确各方的权益和责任，提高供应链金融的合规性和风险控制能力。从次，应用先进的技术手段，如人工智能、大数据分析、区块链等，提升风险控制的效能。最后，加强监管和监督，监管机构应加强对供应链金融的监管和监督，确保金融机构和供应链参与方遵守相关规定与标准，加强风险控制的有效性和合规性。

综上所述，尽管供应链金融具有巨大的发展潜力，但在实际应用中仍面临一些挑战。通过加强信息共享和透明度、提升风险管理能力、加强对合作伙伴的尽职调查、应用先进技术和加强监管与监督等措施，可以逐步解决供应链金融发展中的不足。这将有助于推动供应链金融的发展，提高其效率和可持续性，为实体经济的发展提供更好的支持。

三、供应链金融的信息处理问题

供应链金融在信息处理方面面临一些问题，以下是其中一些常见的问题：

（1）数据集成和共享困难。供应链金融涉及多个参与方之间的数据交换和共享，但由于参与方之间的信息系统和数据格式不一致，数据集成和共享变得困难。这导致了数据的孤立和信息不对称问题，使得供应链金融的风险评估和决策变得困难。

（2）实时数据获取和处理能力不足。供应链金融需要及时获取和处理供应链中的大量数据，包括订单、发货、库存、交易记录等。然而，传统的数据采集和处理方式往往比较烦琐与耗时，无法满足供应链金融对实时数据的需求。这制约了供应链金融的风险控制和决策支持。

（3）缺乏智能化和自动化技术支持。供应链金融的信息处理往往依赖于人工的操作和判断，缺乏智能化和自动化技术的支持。这使得信息处理效率较低，容易出现人为因素的误判和错误，提高了供应链金融的风险。

（4）数据安全和隐私保护。供应链金融涉及大量的敏感数据，包括企业的财务信息、供应商的交易记录等。然而，数据的安全性和隐私保护仍然是重要的问题。供应链中的各个参与方需要确保数据的安全传输和存储，并合规处理个人隐私信息，防止数据泄露和滥用。

针对以上问题，可以采取一些解决方案：

（1）推动标准化和数据共享。制定统一的数据标准和格式，促进供应链中各个参与方之间的数据集成和共享。建立供应链金融的数据平台，实现数据的实时共享和互通，提高信息的透明度和准确性。

（2）应用先进的技术手段。采用人工智能、大数据分析、区块链等先进技术，提升供应链金融的信息处理能力。通过自动化和智能化的技术支持，实现数据的快速采集、处理和分析，提高信息处理的效率和准确性。

（3）加强数据安全和隐私保护。建立完善的数据安全管理体系，包括加密传输、访问控制、安全审计等措施，确保数据在传输和存储过程中的安全。同时，合规处理个人隐私信息，遵守相关的数据保护法规和政策，保护参与方的隐私权益。

（4）提升参与方的信息技术能力。加强供应链中各个参与方的信息技术能力培养，提高其信息系统和数据处理能力。通过培训和技术支持，提升参与方对供应链金融信息处理的认识和能力，促进信息的高效流通和利用。

通过以上的解决方案，可以逐步解决供应链金融的信息处理问题，提高供应链金融的效率和可靠性，为实体经济的发展提供更好的支持。同时，金融机构可以通过以下三个方面来实现信息化：

（1）转变信息关注客体。传统上，金融机构在供应链金融中主要关注企业的财务和信用信息。然而，为了更好地理解供应链的全貌和风险情况，金融机构需要转变信息关注的客体，将目光放在整个供应链上。这意味着金融机构需要获取和分析更广泛的信息，包括供应商的供货能力、物流企业的运输能力、市场需求的变化等，以更全面地评估供应链的风险和机会。

（2）便利化获取信息渠道。金融机构需要建立更便捷和高效的信息获取渠道。传统上，金融机构获取信息主要依赖于企业的财务报表和信用调查等手段，但这些手段的信息有时限制较多。金融机构可以利用数字化技术，通过互联网、物联网和大数据等手段，获取更多实时和准确的信息。例如，与物流企业合作，通过物流追踪系统获取货物的实时位置和运输状态，从而了解供应链的流动情况。

（3）加强物流企业的信息流通。物流企业在供应链中承担着重要的角色，它们与供应商和客户之间的信息流通对供应链金融至关重要。金融机构可以与物流企业合作，推动其信息系统的升级和互联互通。通过与物流企业的信息系统对接，金融机构可以实时获取物流数据，包括订单、发货、运输和签收等信息，从而更好地了解供应链的运作情况，进行风险评估和决策支持。在供应链中，第三方物流企业的监管是其重要组成部分，其监管形式分类主要有以下几种，见表4-3。

表4-3　物流企业的监管形式

	分类划分标准	监管形式	加强措施
物流监管角度	按照法律关系分类	质押监管	金融机构通过物流企业的监管实现信息流和物流的无缝对接，但应对物流企业展开不定期检查，重点检查货物的出入库是否符合规定，手续是否完备等
		抵押监管	
	按照物流状态分类	在库监管	
		在途监管	
	按照监管场地分类	自有仓库监管	
		输出监管	

四、供应链金融中的信用管理问题

供应链金融涉及多个参与方之间的信用管理，以下是一些常见的信用管理问题：

（1）信息不对称。供应链金融中的不同参与方拥有不同的信息和知识，导致出现信息不对称。例如，供应商了解自身的财务状况和供货能力，但金融机构可能无法获得准确的信息。这增加了金融机构在供应链金融中的风险，可能导致信用风险的发生。

（2）风险集中。供应链金融中的信用风险可能会集中在某些参与方身上，例如，一个关键的供应商或买方出现财务问题或违约可能对整个供应链产生重大影响。这种风险集中可能会导致供应链金融的系统性风险，需要进行有效的风险分散和管理。

（3）信用评估困难。供应链金融中的参与方众多，各自的财务状况、信用记录和经营能力各不相同。对于金融机构来说，准确评估和判断参与方的信用状况是一项挑战。传统的信用评估方法可能无法全面考虑供应链中的复杂关系和信息，需要开发更有效的信用评估模型和工具。

（4）违约风险。供应链金融中的各个参与方都面临违约风险，包括供应商未能按时交货、买方未能按时付款等。这些违约行为可能导致供应链金融的流动性问题和资金链断裂，对各方的信用带来负面影响。

为了解决供应链金融的信用管理问题，可以采取以下措施：

（1）加强信息共享和透明度。各参与方应共享财务信息、供货能力和交易记录等关键信息，提高信息的透明度和对称性。建立供应链金融的信息平台，使参与方能够更好地了解供应链中的信用风险和机会。

（2）发展创新的信用评估模型。通过引入大数据分析、人工智能和机器学习等技术，开发更准确和全面的信用评估模型。这些模型可以综合考虑供应链中的多维数据和关系，帮助金融机构更好地评估参与方的信用状况。

（3）多元化风险管理。金融机构应采取多元化的风险管理策略，避免将风险集中在单个参与方身上，通过分散风险、建立风险保障机制和合理设计合同条款等方式，降低供应链金融的信用风险。

（4）引入监测和预警机制。建立监测和预警机制，及时掌握供应链中的信用风险动态。金融机构可以利用实时数据和监控工具，对供应链中的信用风险进行监测和预警，采取相应措施避免潜在的风险。

通过以上措施，可以改善供应链金融的信用管理，降低信用风险，提高供应链金融的可持续性和稳定性。

第五章 | 供应链金融在政府招商领域中的应用 |

供应链金融作为一种创新的金融服务模式，其在政府招商领域中的应用逐渐显现出巨大的潜力和价值。该模式对于招商引资具有积极的促进作用，为政府和企业间的合作提供了新的机遇与平台。政府部门应积极探索和推广供应链金融在招商引资活动中的应用，以促进招商引资工作的成功和区域经济的发展。

第一节 政府招商现状及问题

政府招商是各国政府吸引外部投资和促进经济增长的一种重要手段。然而，不同国家和地区的政府招商现状存在差异，也伴随着一些共同问题。

首先，政府招商现状取决于各国的经济和政治环境。一些国家积极开展广泛的招商活动，提供各种激励措施，如税收减免、土地供应和优惠政策，以吸引外部投资。这种积极招商的国家通常拥有稳定的政治环境和良好的基础设施，能够吸引跨国公司的兴趣。然而，一些国家可能面临政治不稳定、法律不明确和基础设施不足等问题，这限制了它们的招商能力。

其次，政府招商也受到全球市场变化的影响。全球经济和贸易关系的动态变化会影响外部投资的流向。例如，国际贸易争端、关税政策的调整和地缘政治因素都可能影响投资决策。政府需要灵活应对这些变化，以确保吸引外部投资的竞争力。

然而，政府招商也存在一些共同问题，其中之一是竞争激烈。许多国家都在争夺相同的外部投资，因此政府需要采取创新措施来突出自己的竞争优势。此外，一些国家可能面临腐败问题，这可能影响外部投资者的信心。政府需要采取措施来提高透明度和治理能力，以吸引更多的外部投资。

政府招商是各国政府在全球化时代吸引外部投资的关键工具。然而，不同国家的政府招商现状因经济、政治和全球市场的因素而有所不同，同时也伴随着一些共同的问题需要应对。政府需要积极适应变化的环境，提高竞争力，吸引更多的外部投资，促进经济增长。

一、招商引资现状

招商引资作为一种策略性的经济发展手段，在全球各级政府中被广泛采用。这一手段旨在吸引国内外投资者参与到本地区的经济活动中，从而推动经济发展和就业增长。

当前，政府招商引资的主要形式包括制定优惠政策、提供税收减免、优化投资环境、提供一站式服务等。这些措施为投资者提供了有利的投资条件和环境，降低了投资者的投资成本和风险。然而，在实际操作过程中，政府招商引资也面临一系列问题和挑战：

首先，由于缺乏专业的金融服务支持，企业在参与招商引资活动时，常常面临融资难和融资贵的问题。这一问题限制了企业的投资能力和活力，影响了招商引资的效果和效率。

其次，政府招商引资的信息传递和沟通效率低下。由于缺乏有效的信息平台和沟通渠道，政府和企业之间的信息传递与沟通常常出现延迟及误解，影响了招商引资的流程和结果。

此外，政府招商引资的策略和方法也需要不断创新与完善。在当前的经济环境下，单一的财政补贴和税收优惠已不能满足企业的投资需求，政府需要采取更多元化和灵活化的招商引资策略与方法，以适应企业和市场的变化。

政府招商引资在推动经济发展和吸引投资方面发挥了积极作用，但在实际操作过程中，也面临一系列问题和挑战。为提高招商引资的效果和效率，政府需要不断创新和完善招商引资的策略与方法，提供专业的金融服务支持，优化信息传递和沟通机制。

二、招商引资环境

（一）新常态下招商引资面临的形势

新常态下招商引资的大环境呈现出独有的特征和挑战。新常态下经济环境的特点主要包括经济增长速度的放缓、经济结构的优化升级、创新驱动发展战略的深入实施等。这一时期的招商引资工作面临的形势具有其独特性，主要表现在以下三方面：

（1）全球及国内经济增长放缓，这意味着招商引资面临更为复杂和激烈的竞争环境。经济增长的减缓导致投资者的热情降低，投资者在选择投资项目时会更为谨慎和挑剔。因此，政府在进行招商引资时，需要提供更具吸引力的条件和环境，以吸引投资者的注意和兴趣。

（2）经济结构正在进行优化和升级。这要求政府在招商引资时不仅要关注投资的数量，还要关注投资的质量和结构。需要引导和吸引更多的高技术与高附加值的项目及企业投资，以推动本地区经济结构的优化和升级。

（3）创新成为经济发展的主要动力和支持点。这为招商引资提供了新的机会和空间。政府可以通过招商引资，引入更多的创新项目和创新型企业，推动本地区科技创新和经济创新发展。

综上所述，新常态下的招商引资形势具有其复杂和特殊性。政府在进行招商引资时，需要准确把握新常态下的经济特点和趋势，科学制定和实施招商引资策略与措施，以适应新常态下的经济发展要求和条件。

（二）产业发展政策和投资优惠政策的机遇与挑战

产业发展政策和投资优惠政策为经济发展提供了机遇与挑战。这些政策旨在吸引投资、促进产业升级和提升经济竞争力。这些政策带来的相关机遇包括：

（1）投资吸引力。通过提供税收减免、土地优惠、补贴和其他激励措施，政府吸引了更多国内外投资，推动了经济增长和产业发展。

（2）创新和技术进步。政策鼓励企业加大研发投入，促进技术创新和产业升级，提升了企业竞争力和产品质量。

（3）就业机会。产业发展政策和投资优惠政策带动了相关产业的快速发展，创造了大量就业机会，降低了失业率，改善了人民生活水平。

这些政策带来的相关挑战包括：

（1）不均衡发展。政策实施过程中，可能会导致不同地区、不同产业之间的发展不平衡。一些地区或产业可能受益更多，而其他地区或产业可能面临竞争压力和发展困难。

（2）政策落地难。政策的实施需要各级政府的协调和配合，以及相关部门的配套政策和措施。不同政府部门之间的协调不足、政策执行不力等问题可能导致政策效果不佳。

（3）市场风险。投资优惠政策可能吸引了大量投资，但也可能存在投资风险和市场波动。政府需要加强监管和风险防控，以确保投资的可持续发展和经济的稳定性。

为了克服这些挑战，政府可以更加科学地制定和实施政策，提高政策的整体效果和可持续性。同时，政府还可以加强产业发展规划和调控，推动产业协同发展，以实现经济的长期可持续发展。

（三）生产要素开始向中西部地区转移

随着中国经济的快速发展，生产要素开始向中西部地区转移。这一转移趋势不仅在地理层面上改变了中国的经济格局，也给中西部地区的发展带来了新的机遇和挑战。

生产要素向中西部地区转移为这些地区带来了经济增长的机遇。传统上，中国的经济重心集中在东部沿海地区，而中西部地区相对欠发达。然而，随着产业的转移和政府政策的支持，中西部地区逐渐成为吸引投资和发展产业的热点。这为当地创造了大量的就业机会，提升了居民的生活水平。

生产要素向中西部地区转移也带来了技术进步和创新的机会。随着产业的转移，许多企业将先进的技术和管理经验带到中西部地区。这不仅提升了当地企业的竞争力，也促进了技术创新和产业升级。同时，中西部地区还鼓励本地企业加大研发投入，培育新兴产业和高新技术产业，推动经济结构的优化和升级。

然而，生产要素向中西部地区转移也面临一些挑战。首先，中西部地区的基础设施相对滞后，交通、通信和能源设施现代化程度较低。这限制了产业发展和生产要素的流动，需要加大基础设施建设的投资力度。其次，中西部地区的人力资源相对不足。虽然这些地区有丰富的劳动力资源，但大多数劳动者缺乏高技能和专业知识。因此，加强职业培训和教育体系建设，提升劳动者的技能水平，是中西部地区吸引投资和发展产业的关键。最后，中西部地区的环境保护和可持续发展也面临挑战。随着产业的转移，环境污染和资源消耗问题也逐渐凸显。因此，加强环境管理和治理，推动绿色发展和循环经济，是中西部地区可持续发展的重要任务。

生产要素向中西部地区转移为该地区带来了巨大的机遇和挑战。地方政府和企业应积极应对挑战，加强政策支持和投资，促进中西部地区经济的稳定增长和可持续发展。

（四）招商主体中市场力量将更加活跃

随着我国经济的快速发展和市场体制改革的深化，招商主体中的市场力量将更加活跃。这一趋势将对我国的招商引资活动产生重要的影响，并为经济发展带来新的机遇和挑战。

市场力量的活跃将推动招商引资活动的市场化和专业化。传统上，招商引资活动主要由政府主导和推动。然而，随着市场经济的发展，市场力量在资源配置中的作用日益凸显。未来，市场将扮演更为重要的角色，企业和投资者将更加自主地选择投资项目和地点。这将促使招商主体更加注重市场需求的分析和预测，提供更具竞争力的投资环境和服务。

市场力量的活跃将促进招商主体的竞争和创新。市场的竞争机制将推动招商主体提供更好的投资条件和服务，以吸引更多的投资者。招商主体将不断改进投资环境、优化政策措施，提高自身的竞争力和吸引力。同时，招商主体还将积极探索新的招商模式和业务领域，寻求创新的发展机遇。

市场力量的活跃使招商引资活动面临一些挑战。如市场竞争可能导致激烈的价格战和恶性竞争现象。为了吸引投资和招商，招商主体可能在政策和资源方面做出过度的让步，甚至出现不正当竞争行为。因此，监管机构需要加强市场监管，防范市场失序和不正当竞争现象。

市场力量的活跃要求招商主体具备更高的专业素质和能力。市场化的招商引资活动要求招商主体具备市场营销、投资分析、项目管理等专业知识和技能。因此，培养和引进高素质的招商人才成为当务之急，招商主体应加大人才培训和引进的力度，提升自身的专业能力和竞争力。

随着市场力量的活跃，招商主体将面临更大的市场压力和机遇。招商主体应积极应对挑战，加强市场分析和预测，提供更具竞争力的投资环境和服务。同时，政府部门也应加强监管和引导，确保招商活动的有序进行，促进经济的稳定和可持续发展。

第二节 引进相关产业的供应链金融服务公司

引进相关产业的供应链金融服务公司是招商引资活动中的一项重要举措。供应链金融服务公司为企业提供与供应链相关的融资、结算和风险管理等服务，有助于提高企业的资金流动性和供应链效率。在招商引资活动中引进相关产业的供应链金融服务公司，不仅有助于吸引投资和企业落户，还能促进区域经济的发展和产业升级。

一、引进供应链金融服务公司将提供更灵活的融资渠道

供应链金融服务公司通过对供应链中各环节的融资需求进行精准定制，为企业提供定向融资解决方案。这种融资方式不仅可以满足企业的资金需求，还能减少融资成本和风险，提高企业的融资效率。对于招商引资活动中的企业来说，供应链金融服务公司的加入将为其提供更多的融资选择，增加投资吸引力。

这些供应链金融服务公司专注于为供应链参与方提供融资解决方案，通常具有以下优势：

首先，供应链金融服务公司通常能够根据供应链的特定需求和周期性变化，提供量身定制的融资产品。这意味着企业可以根据其现金流需求和交易循环来选择不同类型的融资，例如供应链融资、应收账款融资或库存融资，以满足其短期和长期的融资需求。

其次，这些公司通常能够更迅速地批准融资申请，相对于传统银行审批时间更短。这加速了融资的流程，有助于企业更快地获得所需的资金，特别是在应对季节性需求或紧急资金需求时。

最后，供应链金融服务公司通常能够提供更有竞争力的融资利率和费用，因为它们专注于供应链金融领域，能够更好地了解供应链风险。这有助于企业降低融资成本，提高其融资效率。

二、引进供应链金融服务公司将提升供应链的运作效率

供应链金融服务公司通过优化供应链的资金流动和结算方式，提高供应链的运作效率和整体效益。例如，通过提供供应商预付款、订单融资、应收

账款质押等服务，可以加快资金回笼速度，缩短供应链上的资金周转周期。这将促进供应链中各参与方的合作和协调，提高整个供应链的竞争力和效益。

供应链金融服务公司的介入在供应链中发挥着关键作用，通过优化资金流动和结算方式，提高了供应链的运作效率和整体效益。以下是相关方面的具体内容：

首先，供应链金融服务公司通过提供供应链融资解决方案，帮助企业更好地管理其资金流动。这包括提供应收账款融资、库存融资等，帮助企业解决资金周转困难的问题。通过及时获得资金支持，企业能够更迅速地满足生产和采购需求，从而提高供应链的运作效率。

其次，供应链金融服务公司通过改善结算方式，简化供应链中的支付流程。它们可以提供电子支付和结算平台，加速交易结算的速度，减少手工处理和延误。这不仅提高了供应链中的资金流动性，还降低了错误和争议的风险，进一步提高了整体效益。

再次，供应链金融服务公司还通过提高供应链的可视化程度和透明度，帮助企业更好地监控供应链的运作。企业可以实时跟踪订单、库存和交付等关键指标，有助于更好地规划和协调供应链活动。这降低了库存积压，减少了订单滞留，提高了供应链的运营效率。

最后，供应链金融服务公司的介入还有助于降低供应链中的融资成本。通过提供更具竞争力的融资利率和费用，降低了企业的融资负担，有助于提高供应链的整体效益。

供应链金融服务公司在供应链中通过优化资金流动和结算方式，提高了供应链的运作效率和整体效益。它们的介入有助于缓解资金压力、简化支付流程、提高可视化程度和降低融资成本，进而支持了供应链的稳健运营。

三、引进供应链金融服务公司面临的挑战

（一）需要具备专业的供应链金融知识和技术能力

供应链金融服务涉及多个环节和多个参与方，要对供应链的各个环节进行精准的风险评估和融资决策，需要具备专业的金融和供应链管理知识。因此，引进供应链金融服务公司需要加强人才培养和引进，提高其专业能力和竞争力。

首先，为了有效评估风险和制订合适的融资方案，供应链金融服务公司

需要拥有高度专业化的人才，这包括金融分析师、供应链专家、数据科学家等，他们能够深入理解供应链的运作机制和金融市场的动态。这些专业人才能够更好地识别潜在的风险因素，制定风险管理策略，从而确保资金的安全和回报。

其次，引进供应链金融服务公司需要建立有效的合作网络。这包括与供应链各参与方（供应商、制造商、物流公司等）建立紧密的合作关系，以获取准确的供应链数据和信息。此外，与金融机构、监管机构和技术提供商的合作也很关键，以确保供应链金融服务的全面性和可持续性。

再次，为了提高供应链金融服务公司的专业能力和竞争力，需要进行持续的人才培养和技术创新。这包括为员工提供培训和教育，使他们不断更新专业知识和技能，以适应不断变化的市场需求。同时，也需要积极采用新技术，如人工智能、区块链和大数据分析，以提高风险评估和融资决策的效率与准确性。

最后，引进供应链金融服务公司对于优化供应链融资和风险管理具有重要意义。然而，为了成功实施，必须加强人才培养和引进，提高专业能力和竞争力，建立有效的合作网络，并不断创新和更新技术。这将有助于确保供应链金融服务公司在满足企业融资需求和支持供应链运作方面取得成功。

（二）需要与相关产业的企业建立良好的合作关系

供应链金融服务公司的服务对象主要是供应链中的各个环节和参与方，包括供应商、生产商、分销商等。因此，供应链金融服务公司需要与相关产业的企业建立合作关系，共同推动供应链金融的发展和应用。招商引资活动中的相关产业需要为供应链金融服务公司提供必要的支持和合作，共同实现供应链金融的良性发展。

首先，与供应商的合作至关重要。供应链金融服务公司可以通过为供应商提供融资支持，帮助他们改善资金流动，更好地履行交付和供应责任。这有助于确保供应链的稳定性和可持续性。因此，拥有强大供应商关系网络是供应链金融服务公司的重要资产。

其次，与生产商和制造商的紧密合作也很关键。这些合作伙伴通常需要资金来支持生产与库存管理，而供应链金融服务公司可以提供相应的融资解决方案。通过与生产商的协作，这些公司能够帮助企业更好地应对季节性需求波动和生产周期。

再次，与分销商和零售商的合作也是供应链金融服务公司的战略之一。这些企业通常需要管理库存、延长支付期限，以满足市场需求。供应链金融服务公司可以通过为它们提供库存融资和延期付款等解决方案，帮助它们提高资金效率，同时确保供应链的稳定运作。

最后，与相关产业的企业建立合作关系，还可以促进供应链金融服务的不断创新和发展。合作伙伴可以共同探讨和实施新技术，如区块链和物联网等，以提高供应链的可视化程度和数据安全性。这有助于使供应链金融更加智能化和高效化。

总之，供应链金融服务公司需要积极与供应链中的各个环节和参与方建立紧密的合作关系，以共同推动供应链金融的发展和应用。这种合作不仅有助于优化供应链的运作，还有助于实现供应链金融的良性发展，从而更好地支持企业的融资需求和供应链管理。综上所述，引进相关产业的供应链金融服务公司对于招商引资活动具有重要意义。

第三节　设立供应链专项产业基金

供应链是指企业与供应商、制造商、分销商等各个环节之间的协同运作网络，涉及物流、信息流和资金流等多个方面。随着全球化的发展和市场竞争的加剧，供应链管理成为企业提高竞争力的关键因素之一。然而，供应链产业在发展过程中面临着融资难、创新不足等问题。因此，成立供应链专项产业基金成为解决这些问题的有效途径之一。供应链专项产业基金的成立为企业提供了新的融资渠道，促进了供应链的发展与创新。

一、供应链专项产业基金设立的意义

供应链行业具有较长的资金回收周期和较高的风险特征，传统融资渠道对其投资存在较大的不确定性和风险偏好。供应链专项产业基金的设立为供应链企业提供了新的融资渠道，可以更好地满足其资金需求，解决融资难题，促进供应链产业的发展。

供应链产业的发展需要不断地创新和升级，以适应市场变化和技术进步。传统融资渠道对创新性项目的资金支持存在较大的风险厌恶，限制了供应链

创新的发展。而供应链专项产业基金的设立可以专门投资和支持具有潜力与创新性的供应链企业及项目，提供更为灵活和专业化的创新资金支持，推动供应链产业的技术升级和创新能力的提升。

供应链是一个由多个环节组成的协同运作网络，各个环节之间的合作与协同对于提高整体效率和降低成本至关重要。然而，现实中存在着合作难度大和信息不对称等问题。供应链专项产业基金的设立可以鼓励不同环节的企业进行合作与协同，提供相应的资金支持，促进供应链各个环节之间的紧密联系和资源共享，提高整个供应链的效率和竞争力。

供应链作为一个综合性的产业，涉及物流、信息技术、金融等多个领域。供应链专项产业基金的设立不仅有助于供应链产业本身的发展，还可以带动相关产业的发展。例如，基金可以投资物流科技企业、供应链信息平台等，推动物流和信息技术的创新，促进整个产业链的升级和发展。

供应链专项产业基金的设立具有重要的意义，它可以解决供应链产业的融资难题，促进供应链创新与升级、供应链的合作与协同发展，同时也能够带动相关产业的发展。通过提供专业化的融资支持和创新资金，供应链专项产业基金有助于推动供应链产业的发展，提高其竞争力和可持续发展能力。

二、供应链专项产业基金面临的主要问题及根源

引进供应链专项产业基金是促进招商引资活动的重要手段之一，然而，供应链专项产业基金在实践中面临一些问题。

首先，供应链专项产业基金面临的主要问题之一是信息不对称。由于供应链中的各个环节信息流动不畅，供应链参与方之间的信息不对称现象普遍存在。这导致供应链专项产业基金在评估项目风险和进行投资决策时面临困难。信息不对称增加了基金管理者的信息获取成本和风险，降低了基金的投资效益。信息不对称的根源主要包括供应链参与方的信息保密意识不足、信息共享机制不完善等。

其次，供应链专项产业基金还面临着风险管理方面的问题。供应链涉及多个环节和多个参与方，其中任何一个环节或参与方的风险都可能对整个供应链产生影响。然而，由于供应链的复杂性和不确定性，基金管理者往往难以全面了解和评估各环节与参与方的风险情况。此外，供应链中的风险传递和扩散现象也增加了基金的风险暴露度。这些问题使得供应链专项产业基金

的风险管理变得更加困难。

最后，供应链专项产业基金还面临着流动性风险。由于供应链的运作周期较长，基金投资的资金可能长期锁定在供应链中的各个环节，导致基金的流动性下降。特别是在供应链出现意外情况或经济波动时，基金可能难以及时回收投资。这给基金管理者带来了资金运作和流动性管理的困扰，也增加了投资者的退出难度。

综上所述，供应链专项产业基金在实践中面临信息不对称、风险管理和流动性风险等问题。这些问题的根源主要包括供应链中信息流动不畅、风险传递和扩散现象、供应链运作周期较长等因素。解决这些问题需要加强信息共享和协作机制，提高风险管理和流动性管理能力，以确保供应链专项产业基金的顺利运作和有效发挥作用。

三、供应链专项产业基金发展现状

供应链专项产业基金作为一种金融政策工具，在促进供应链金融产业发展方面发挥了重要作用。目前，全球范围内已经有一些国家和地区开始重视供应链专项产业基金的建设和发展。这些国家和地区在政策、资金和监管等方面给予了一定的支持与倾斜。

首先，政策方面，一些国家和地区出台了相关政策和文件，明确了支持和引导供应链专项产业基金发展的目标和举措。政策文件主要包括产业发展规划、金融创新政策、税收优惠政策等。这些政策为供应链专项产业基金的设立和发展提供了法律与政策保障。

其次，资金方面，一些国家和地区设立了专门的基金，用于支持供应链专项产业基金的创新和发展。这些基金主要来源于政府的财政拨款、国际金融机构的投资和社会资本的参与等。资金主要用于支持供应链金融创新项目、风险补偿和资本注入等。

最后，在监管方面，一些国家和地区建立了相应的监管体系和机构，对供应链专项产业基金进行监督和管理。监管机构主要负责制定相关规则和标准，规范供应链金融基金的市场运作，保护投资者权益，维护金融市场的稳定。

然而，供应链专项产业基金在发展中仍面临一些挑战，如面临着信息不对称、风险管理和监管不完善等问题。这些问题需要在政策和制度层面进行改进与完善。另外，供应链专项产业基金需要提高专业能力和风险管理能力，加强与相关产业的合作，提高投资效益和社会效益。

供应链专项产业基金在全球范围内得到了一定的重视和发展。政策、资金和监管等方面的支持为供应链专项产业基金的发展提供了有力保障。然而，仍需要进一步完善相关政策和制度，加强基金的专业能力和风险管理能力，推动供应链金融产业的健康发展。

深圳市福田区对供应链产业的未来发展充满信心，并通过设立基金来加强对供应链领域的资金支持。2017 年 11 月 15 日，深圳市福田区供应链科技金融协会、深圳市正轩投资有限公司和赛富亚洲投资基金管理公司三方签约，宣布共同发起筹备成立一只规模为 1300 亿元的供应链专项产业基金。供应链专项产业基金的设立为福田区的供应链企业提供更多的发展机遇和支持。基金通过投资和支持创新项目、扩大产能、优化供应链管理等方面，助力福田区的供应链产业实现更高质量的发展。此外，基金的设立还将促进相关产业的协同发展，推动创新技术和科技金融在供应链领域的应用。

需要注意的是，具体的基金运作和投资方向需要根据相关协议与计划来确定。这需要相关各方共同努力，明确基金的运作模式、投资策略和管理机制等细节，确保基金的有效运作和投资效益。总而言之，深圳市福田区供应链科技金融协会、深圳市正轩投资有限公司和赛富亚洲投资基金管理公司共同发起筹备成立 1300 亿元的供应链专项产业基金，将为福田区的供应链产业发展注入更多资金和支持，推动供应链领域的创新和协同发展。

第四节　政府招商中的供应链金融模式与创新

政府招商中的供应链金融模式与创新是指政府在促进地方经济发展和吸引投资时，采用供应链金融的方法和策略来支持企业与供应链的发展。这种模式可以促进资金流动、降低融资成本、提高供应链效率，并创造更多的商机。政府招商中供应链金融模式与创新的关键点包括：

（1）政府引导与支持。政府可以通过制定政策、提供资金支持和监管引导来推动供应链金融的创新与发展。政府的支持可以包括提供担保、奖励金融机构参与供应链金融、制定相关法规等。

（2）数字化技术。政府可以鼓励企业采用数字化技术，如区块链、人工智能和大数据分析等，以改善供应链金融的透明度和效率。这些技术可以帮助政府监管、风险管理和融资决策。

（3）供应链可持续性。政府可以鼓励供应链金融模式的创新，以支持可持续发展目标。例如，通过提供低息贷款或奖励，政府可以鼓励企业采用环保和承担社会责任的供应链实践。

（4）公私合作。政府可以与金融机构、企业和技术提供商合作，共同推动供应链金融创新。这种公私合作可以帮助政府更好地理解供应链金融的需求，并制定相应的政策。

（5）风险管理。政府可以在供应链金融中发挥重要作用，帮助企业管理供应链风险。政府可以提供风险共担机制、灾害保险或贸易信用保险等工具，以减轻企业的风险。

（6）金融教育和培训。政府可以支持供应链金融教育和培训计划，以帮助中小企业更好地理解和利用供应链金融工具。

（7）监管创新。政府可以通过监管创新来促进供应链金融的发展，例如推出新的监管框架，以便更好地监督和支持供应链金融业务。

政府在招商中的供应链金融模式与创新可以促进地方经济的增长，提高企业的融资能力，同时也有助于提高供应链的效率和可持续性。这需要政府与企业、金融机构和技术提供商之间的良好合作，以共同推动供应链金融的发展和创新。

一、供应链金融的可持续发展目标

政府在鼓励供应链可持续发展方面可以发挥重要的作用，其中一种方式是通过提供低息贷款或奖励来促使企业采用环保和承担社会责任的供应链实践。这种做法可以在多个层面上实现可持续发展目标的推动。

首先，政府可以设立专门的低息贷款计划支持那些愿意改进其供应链的企业。这些贷款可以用于资助企业项目，例如提高供应链透明度、减少环境影响、增强供应商社会责任感等。低息贷款可以降低企业的融资成本，使可持续供应链实践变得更具吸引力，鼓励更多企业采取可持续发展的方法。

其次，政府可以通过奖励计划认可那些在供应链上采取积极环保和承担社会责任措施的企业。这种奖励可以采用财政奖励的形式，例如补贴或税收减免，以减轻企业的财务负担。此外，政府还可以考虑颁发专门的认证或资质，以表彰和宣传那些在可持续供应链方面表现出色的企业，这有助于提高企业之间的竞争意识。政府还可以制定相关法规和标准，要求企业报告其供应链的环境和社会影响，或者规定一些最低可持续实践标准。这些法规可以为企业提供明确的指导，鼓励其采取可持续性举措，并确保其对环境和社会的影响进行了充分考虑。

再次，政府可以促进其与企业、非政府组织之间的合作伙伴关系，以共同推动供应链可持续性。这种合作可以包括共同研究项目、培训计划和信息共享，有助于提高企业的意识和能力，以采用更可持续的供应链方法。

最后，政府还可以投资提供关于可持续供应链实践的培训和教育。通过向企业提供知识和技能培训，政府可以帮助它们更好地理解和应用可持续性原则，从而推动更广泛的供应链可持续性。

政府可以通过提供低息贷款、推出奖励计划、制定法规、促进合作伙伴关系和提供培训等多种方式来鼓励供应链金融模式的创新，以支持可持续发展目标。这将有助于减少供应链对环境和社会的负面影响，推动企业朝着更可持续的未来发展。

二、供应链金融的公私合作

公私合作在推动供应链金融创新方面发挥着关键作用，政府与金融机构、企业和技术提供商的合作可以实现多方面的利益，促进可持续的供应链金融发展。

首先，政府与金融机构的合作可以加强金融系统的稳定性和可靠性。政府可以提供法律和监管框架，以确保金融机构在供应链金融领域的运营符合法规要求。同时，政府可以协助金融机构更好地理解和管理供应链风险，促进更安全、可靠的供应链融资。

其次，政府与企业的合作可以推动可持续发展目标的实现。政府可以与企业合作，鼓励它们采取环保和承担社会责任的供应链实践，同时提供激励措施，如税收减免或奖励计划，以促使企业采用可持续的供应链金融模式。这种合作可以推动企业在可持续性方面进行创新，增加其对环境和社会影响的贡献。

再次，政府与技术提供商的合作有助于推动数字化和智能化的供应链金融解决方案落地。政府可以支持技术创新，促进数字支付、区块链技术和人工智能等领域的发展，以改进供应链金融的效率和透明度。这将有助于提高供应链金融的可用性，并降低其成本，使更多的企业受益。

最后，政府的角色还包括促进信息共享和最佳实践的交流。政府可以促使金融机构、企业和技术提供商之间分享关于供应链金融的信息与经验，以便各方能够共同学习和改进。这有助于建立一个更具合作和共享精神的生态系统，推动供应链金融创新的不断发展。

政府与金融机构、企业和技术提供商之间的公私合作对于推动供应链金融创新至关重要。这种合作有助于确保金融系统的稳定性、促进可持续发展、推动技术创新，并促进信息共享，从而实现更加强大，更具备可持续性和包容性的供应链金融体系。

第六章 | 供应链金融行业前景展望 |

供应链金融行业在全球范围内具有广阔的发展前景。市场潜力巨大、技术创新的驱动、政策支持力度增大、金融机构的参与增多以及跨行业合作的加强，将为供应链金融行业提供持续的发展动力。随着行业的不断成熟和创新的推动，供应链金融行业有望进一步提升企业的供应链效率和金融服务水平，为全球经济的发展做出更大的贡献。

第一节 供应链金融市场潜力巨大

随着全球贸易的增长和供应链的复杂化，供应链金融行业将继续受到需求的推动。尤其是在新兴市场和发展中国家，由于金融服务方面存在不足和融资难题，供应链金融有望得到更广泛的应用。供应链金融是一种基于供应链关系的金融模式，通过将供应链参与方的交易和资金流动结合起来，提供资金支持和解决资金流动问题，以促进供应链的顺畅运作。

一、供应链金融市场规模巨大

供应链金融市场具有巨大的市场规模。随着全球贸易的不断发展和扩大，供应链金融市场的规模也在不断扩大。根据国际金融机构的数据，全球供应链金融市场的规模已经达到数万亿美元。这一规模的庞大使得供应链金融市场成为各类金融机构争相进入的重要领域。

供应链金融市场的吸引力不仅体现在其庞大的规模上，还体现在多元化的参与者上。这个市场吸引了商业银行、投资银行、资产管理公司、保险公司和贸易金融机构等多种类型的金融机构，为企业提供了多样化的产品和服务，以满足不同企业的需求。

另一个增强供应链金融市场吸引力的因素是全球化的趋势。企业越来越依赖来自世界各地的供应链合作伙伴，这使得跨国金融机构为不同国家和地区提供供应链金融服务变得至关重要。这也促使了供应链金融市场的国际化和创新。

此外，随着全球不稳定性的加剧，包括贸易争端和自然灾害等，企业越来越关注风险管理。供应链金融市场的产品，如供应链融资和保险，为企业提供了一种有效的方式来管理风险，这增加了市场的吸引力。

数字技术的发展和应用，如区块链、人工智能和物联网等，已经在供应链金融中引入了新的创新，使市场更高效、更透明，从而吸引了更多的投资和参与者。综上所述，全球供应链金融市场的巨大规模和不断扩大的机会使其成为金融领域备受瞩目的市场之一，有望继续发展壮大。这不仅有助于金融机构获得更多的业务机会，还支持了全球贸易和供应链的健康发展。

二、供应链金融市场满足企业融资需求

供应链金融市场能够满足企业融资需求。在传统的金融市场中，中小微企业往往面临着融资难、融资贵等问题。而供应链金融市场通过基于供应链关系的融资模式，能够更加有效地解决企业融资难题。通过将企业的交易数据、供应链信息等纳入考量，供应链金融市场能够为企业提供更加精准和灵活的融资服务，降低企业融资成本，提高融资效率。

供应链金融市场将企业的交易数据、供应链信息等纳入考量，这为金融机构提供了更全面的信息基础。这意味着金融机构可以更准确地评估企业的信用风险，而不仅仅依赖传统的信用评级或抵押物评估。这种精准的信用评估使得中小微企业能够更容易地获得融资支持，降低了融资的门槛。

此外，供应链金融市场的融资服务也更为灵活。企业可以根据其实际需求和交易循环来获取融资，而不需要依赖传统贷款模式。这种灵活性意味着企业可以更好地应对季节性波动或突发事件，提高了融资的适应性和灵活性。

最重要的是，供应链金融市场可以帮助企业降低融资成本和提高融资效率。通过消除信用中介环节和提高信息透明度，供应链金融市场能够降低信贷风险，从而降低了融资的利率和费用。这对于中小微企业来说，意味着融资成本下降，有助于提升其竞争力。

总之，供应链金融市场作为一种创新的融资模式，为中小微企业提供了更加精准和灵活的融资服务，有效地解决了融资难题。这种市场的兴起对于支持企业的发展和经济的稳定具有积极的影响。

三、供应链金融市场促进供应链的优化和协同

在传统的供应链中，信息的不对称和资金流的不畅通常导致供应链出现风险和效率问题。而供应链金融市场通过提供融资和信息流通的渠道，可以促进供应链参与方之间的合作和协同，提高供应链的整体效能。通过供应链金融市场的支持，企业可以更好地管理供应链风险，提高供应链的可持续竞争力。

通过供应链金融市场，企业可以更容易地获得资金，从而更好地管理和优化其供应链。这包括将资金用于库存管理、供应商支付和生产需求等方面。获得融资的灵活性使企业能够更好地应对供应链中的资金压力，降低了供应链中的不必要成本。

此外，供应链金融市场还促进了供应链参与方之间的信息共享和协同。通过共享供应链数据，包括订单、交付和库存信息，供应链各方能够更好地协调和计划其活动。这减少了不必要的库存，提高了供应链的可视化，从而减少了供应链中的不确定性和风险。

供应链金融市场还为供应链参与方提供了更多的机会，以建立更加稳固的供应链关系。通过更紧密的协作，供应商和买方可以更好地满足彼此的需求，提高了供应链的整体效能。这种协同助力供应链的可持续发展，提高了整个供应链的竞争力。

供应链金融市场通过提供融资和信息流通的机会，推动了供应链参与方之间的协作和协同，从而提高了供应链的整体效率和可持续竞争力。这种市场在帮助企业解决供应链挑战方面发挥了关键作用，有助于推动供应链领域的创新和发展。

综上所述，供应链金融市场具有巨大的潜力。其巨大的市场规模、满足企业融资需求以及促进供应链优化和协同的能力，使得供应链金融市场成为当前全球金融领域的热点之一。随着技术的不断进步和金融市场的创新，供应链金融市场的潜力将进一步释放，为全球经济的发展和企业的增长提供更多的机遇与动力。

第二节　金融科技驱动的供应链金融

随着科技的不断进步，包括大数据、人工智能、物联网等技术的应用将为供应链金融行业带来新的机遇。这些技术的应用可以提高供应链金融的效率和安全性，降低操作成本，为企业提供更好的金融服务。

一、大数据技术在供应链金融中的应用

大数据技术在供应链金融中的应用为金融机构提供了更准确和全面的信息支持。通过对供应链中的海量数据进行采集、存储、处理和分析，金融机构可以更精确地评估企业的信用风险，制订个性化的融资方案。同时，大数据技术还可以帮助金融机构建立风险模型和预警系统，提前识别和应对潜在的风险。大数据技术在供应链金融中的应用已经成为金融机构的一项重要战略资源，它为这些机构提供了更准确和全面的信息支持，从而在供应链金融领域产生深远的影响。

（1）风险管理。大数据技术能够收集、分析和整合来自不同渠道的数据，包括供应链合作伙伴的信息、市场趋势、财务数据等。通过对这些数据进行深入分析，金融机构能够更好地识别潜在的风险因素，从而更准确地评估借款人的信用风险。这有助于降低坏账率和提高贷款的可持续性。

（2）客户信用评估。传统的信用评估模型通常依赖于历史信用记录，而大数据技术使金融机构能够更全面地评估客户的信用。通过分析供应链中的交易和交往，金融机构可以更准确地了解客户的商业表现和信用风险，这对于批准贷款、制定贷款条件和利率非常重要。

（3）实时监控。供应链金融涉及大量的交易和资金流动，而大数据技术可以提供实时的监控和警报系统，帮助金融机构及时识别潜在的问题和风险。这有助于防范欺诈行为和迅速应对不良事件，维护金融机构的声誉和资产安全。

（4）预测分析。大数据技术使金融机构能够进行更精确的市场预测和趋势分析。通过分析供应链中的数据，金融机构可以更好地理解市场需求、价格波动和供应链中断的可能性，从而制定更智能的金融策略和产品。

（5）自动化决策。大数据技术还支持自动化决策系统，这些系统可以根

据数据分析结果自动批准或拒绝贷款申请，制订还款计划，并管理风险。这提高了效率，减少了手动干预的需求。

总的来说，大数据技术的应用为供应链金融提供了更强大的分析和决策工具，帮助金融机构更好地管理风险、优化运营并提供更好的客户服务。这不仅有助于金融机构在竞争激烈的市场中保持竞争优势，还有助于推动供应链金融市场的创新和发展。

二、人工智能技术在供应链金融中的应用

人工智能技术的应用可以提高供应链金融的决策效率和准确性。通过采用机器学习算法，人工智能可以对供应链中的各种数据进行分析和预测，帮助金融机构制定更合理的决策。例如，人工智能可以通过分析供应链中的数据，预测企业的供应链风险，提供相应的风险管理建议。此外，人工智能还可以自动执行合同条款，提高合同执行的透明度和效率。

人工智能技术的应用在供应链金融中具有巨大的潜力，可以显著提高决策效率和准确性。以下是一些关于如何实现这些优势的方式：

（1）风险管理。人工智能可以分析大量的数据，包括供应链合作伙伴的历史交易记录、市场趋势、货币波动等。通过深度学习和机器学习算法，人工智能可以识别潜在的风险因素，以帮助金融机构更准确地评估借款人的信用风险。

（2）自动化决策。基于人工智能的决策系统可以自动审批或拒绝贷款申请，制定贷款条件，并管理风险。这种自动化决策系统能够大大提高决策速度，减少人工干预的需求，并降低了人为错误的风险。

（3）预测分析。人工智能可以分析供应链中的大量数据，识别趋势和模式，从而更准确地预测市场需求、价格波动和供应链中断的可能性。这有助于金融机构制定更智能的金融策略，以满足客户需求并降低风险。

（4）实时监控。人工智能可以提供实时监控和警报系统，以及对供应链中的交易和资金流动的即时分析。这有助于金融机构迅速识别潜在的问题和风险，并及时采取措施来应对。

（5）客户服务改进。通过自然语言处理和聊天机器人技术，人工智能可以改善客户服务体验，帮助客户更轻松地了解他们的贷款条件和还款计划，并提供即时支持和解答问题。

总之，人工智能技术的应用可以将供应链金融的决策效率和准确性提高到一个新的水平，有助于金融机构更好地管理风险、提高运营效率，并提供更好的客户体验。这对于金融市场的创新和供应链金融领域的发展都具有重要意义。

三、物联网技术在供应链金融中的应用

物联网技术的应用可以实现供应链中的实时监控和共享，提高物流的可视化和追溯能力。通过物联网技术，企业可以实时掌握货物的位置和状态，提高物流的效率和准确性。供应链金融机构可以利用物联网技术获取更准确的供应链数据，提高风险评估的准确性，并为企业提供更好的金融服务。这对供应链金融机构和企业都有着重要的影响。

（1）实时监控与可视化。物联网技术通过传感器、标签和连接设备，使货物的位置和状态能够被实时监测。这种实时数据的可视化让企业和供应链金融机构能够更好地跟踪物流过程，了解货物在供应链中的实际位置和条件。这提高了货物的安全性，降低了货物丢失或损坏的风险。

（2）追溯能力。物联网技术提供了更高水平的货物追溯能力。通过物联网传感器收集的数据，企业可以追踪货物的运输历史、温度、湿度等重要信息。这对于在供应链中检测问题、解决争议或满足监管要求非常重要。

（3）供应链透明度。物联网技术提供了更高水平的供应链透明度。企业和金融机构可以实时了解物流的进展，预测交货时间，更好地规划库存和订单。这有助于降低库存成本，提高供应链的敏捷性，并满足客户的交货期望。

（4）精细化风险评估。物联网数据可以用于更准确的风险评估。供应链金融机构可以利用实时物流数据来了解供应链合作伙伴的运营状况，从而更好地评估它们的信用风险。这有助于降低坏账率，更精确地定价金融产品。

（5）智能决策。物联网技术结合人工智能和机器学习，决策过程可以自动化进行。例如，在货物运输中，智能系统可以根据实时数据自动调整路线、优化运输计划，并发出警报或建议，以应对潜在问题或延误。

总之，物联网技术的应用在供应链金融与物流领域为企业及金融机构提供了巨大的机会，可以提高效率，降低风险，增强透明度，并为供应链金融提供更准确和全面的数据支持，从而推动供应链的现代化和优化。

大数据、人工智能和物联网等技术的应用为供应链金融行业带来了新的

机遇。这些技术的应用可以提高供应链金融的效率和安全性，降低操作成本，为企业提供更好的金融服务。然而，科技驱动的供应链金融也面临一些挑战，如数据隐私和安全问题、技术能力的要求等。只有充分认识和应对这些挑战，供应链金融才能实现更加稳健和可持续的发展。

第三节　供应链金融行业发展对策

通过持续创新、有效管理信用风险以及多方共同合作，供应链金融能够更好地适应和促进中国供应链产业的发展，为中国经济的持续健康发展作出更大的贡献。

一、供应链金融的创新发展思路

供应链金融作为金融创新的重要组成部分，其发展需要持续的创新。首先，推动技术创新，利用先进的科技，如大数据、云计算和区块链，来优化供应链金融服务，提高服务效率，降低风险和成本。其次，创新业务模式，开发更多样化的供应链金融产品和服务，以满足不同企业和产业的需求。最后，创新合作模式，推动金融机构与供应链企业的深度合作，共享资源和信息，共担风险和利益。

（一）金融科技促进供应链金融发展

供应链金融作为金融行业的一项重要创新，确实需要不断推动技术创新以提高其效率、降低风险和成本。优化供应链金融服务所应用的先进科技包括：

（1）大数据分析。大数据分析是供应链金融的一个关键组成部分。通过采集和分析海量数据，金融机构可以更好地了解供应链中的各个环节和参与者。这有助于准确评估供应链的风险，包括供应商的信用风险、库存水平、交货时间等。大数据分析还可以用于建立更精确的信用评分模型，帮助金融机构更好地决定是否向某个供应链参与者提供融资。这可以降低违约风险，提高资金利用效率。

（2）云计算。云计算可以提供高度灵活的基础设施和资源，使供应链金融机构能够根据需求扩展其业务。这对于处理高峰期的融资需求非常有用，同时也可以在需求减少时节省成本。云计算还能够提供更高级别的安全性和数据备份，以确保敏感信息和交易数据的安全性。

（3）区块链。区块链可以提供更高的透明度和不可篡改的交易记录。这对于供应链金融来说非常重要，因为它可以防范欺诈和虚假交易行为。区块链还可以加速交易处理时间，消除了许多烦琐的中间环节，降低了交易成本。智能合约是区块链的一个重要应用，可以自动执行合同条款，例如在特定条件下释放融资，从而降低了操作风险。

（4）人工智能和机器学习。人工智能可以用于自动化和优化流程，提高操作效率，减少人为错误。利用机器学习算法，供应链金融机构可以更好地识别供应链中的潜在风险，并进行更准确的风险评估。这可以帮助它们更精确地定价融资产品。

（5）数字化身份。供应链金融需要高度的身份验证和数据安全性，以确保合法性和保护敏感信息。数字化身份技术可以提供更高级别的身份验证，确保只有授权的参与者才可以访问数据和进行交易。

总之，供应链金融的持续发展需要紧跟科技创新的步伐。通过大数据分析、云计算、区块链、人工智能和机器学习、数字化身份等技术的应用，金融机构可以提高服务效率，降低风险和成本，从而更好地满足供应链参与者的需求，促进供应链的顺畅运转和经济增长。同时，政府和监管机构的支持与监督也是推动供应链金融创新的关键因素之一，以确保金融创新在安全和可持续的框架内进行。

（二）创新业务模式促进供应链金融发展

创新业务模式是供应链金融发展的关键之一，它有助于开发更多样化的供应链金融产品和服务，以满足不同企业和产业的需求。创新业务模式对供应链金融的重要性包括以下几个方面：

（1）个性化金融解决方案。创新业务模式允许金融机构根据不同企业和产业的需求定制个性化的金融解决方案，这包括不同行业的融资方式、融资期限和还款结构等。通过了解客户的特殊要求，金融机构可以更好地满足客户的融资需求，从而提高客户满意度。

（2）跨界合作。创新业务模式鼓励金融机构与不同产业的企业建立合作关系，以提供更全面的供应链金融服务。例如，金融机构可以与物流公司、技术供应商或电子商务平台合作，提供综合的供应链融资解决方案。这种跨界合作有助于打破传统融资壁垒，促进供应链金融的整合和创新。

（3）数字化平台。创新业务模式鼓励金融机构建立数字化平台，将供应链金融服务提供给广大企业和供应链参与者。这些平台可以提供在线申请、实时监控和数据分析等功能。数字化平台的建立有助于提高金融服务的可访问性和可用性，使供应链金融更加便捷和高效。

（4）新兴技术的应用。创新业务模式鼓励金融机构积极采用新兴技术，如区块链、人工智能和物联网来改善供应链金融流程。例如，区块链可以提供透明的交易记录，人工智能可以用于风险评估，物联网可以监控库存和交货。这些技术的应用可以提高供应链金融的安全性、速度和精确度。

（5）可持续金融产品。创新业务模式还有助于开发可持续的金融产品，以满足社会对环保和社会责任的要求。例如，可持续供应链融资可以用于支持环保项目或符合社会责任标准的企业。这种可持续金融产品有助于推动可持续供应链的发展，符合全球可持续发展目标。

总之，创新业务模式对供应链金融的发展至关重要，它不仅允许金融机构提供更多样化的产品和服务，还有助于提高金融服务的灵活性、可访问性和可持续性。这种创新不仅对金融机构和企业有益，还有助于促进供应链金融行业的持续发展和适应不断变化的商业环境。

（三）创新合作模式促进供应链金融发展

创新合作模式是供应链金融发展的重要方向，它能够促使金融机构与供应链企业之间建立更紧密的伙伴关系，实现资源共享、信息交流、共担风险和分享利益。创新合作模式对供应链金融的重要性包括以下几个方面：

（1）深度合作增强可获得性。创新合作模式鼓励金融机构与供应链企业建立战略性的伙伴关系。这种深度合作可以提高融资的可获得性，因为金融机构更容易理解和信任合作伙伴的供应链，从而更愿意提供融资支持。供应链企业也受益于更低的融资成本和更灵活的融资条件。

（2）共享信息优化风险管理。通过合作，金融机构和供应链企业可以共享更多的信息，包括供应链数据、交易历史和财务信息等。这有助于金融机构更准确地评估风险。共享信息也有助于供应链企业更好地管理风险，及时识别潜在的问题，并采取措施解决。

（3）共担风险和利益。创新合作模式鼓励金融机构与供应链企业共担风险和分享利益。这可以通过合同设计、风险分担机制和奖励方案来实现。共担风险可以减轻金融机构的风险压力，提高其提供融资的意愿。而分享利益则鼓励供应链企业积极合作，共同追求业务增长和盈利。

（4）提高效率和流程优化。创新合作模式可以使金融机构与供应链企业之间的交流更加高效，减少烦琐的流程和文档处理。这有助于加速融资审批和资金释放。自动化和数字化流程也更容易通过合作实现，提高了供应链金融的操作效率。

（5）可持续供应链发展。创新合作模式可以支持可持续供应链发展，例如推动环保和社会责任项目。金融机构可以与供应链企业合作，提供可持续融资方案，以支持绿色供应链和符合社会责任标准的业务。这有助于企业实现可持续发展目标，满足社会和市场对可持续性的需求。

总之，创新合作模式是供应链金融发展的关键因素之一，它能够促使金融机构与供应链企业之间建立更紧密的合作关系，实现资源共享、信息交流、共担风险和分享利益。这种合作有助于提高融资可获得性、降低风险、提高效率，并推动可持续供应链发展。因此，金融机构和供应链企业应积极探索和实施创新的合作模式，以共同受益于供应链金融的发展。

二、供应链金融的信用风险管理建议

信用风险管理是供应链金融的核心环节，关系到供应链金融的稳定和健康发展。为有效管理信用风险，供应链金融需要做好以下几方面工作：一是完善信用评估体系，加强对供应链企业信用的动态监测和评估；二是加强风险防控，通过多种手段和工具，如保险和担保，来分散和转移信用风险；三是强化信用文化建设，提高供应链企业的信用意识和信用水平。

（一）完善信用评估体系

为了有效管理信用风险，供应链金融需要建立和完善信用评估体系。这个评估体系应该包括以下几个重要方面：

（1）信用数据收集。供应链金融机构需要积极收集、整理和更新供应链企业的信用数据。这些数据可以包括供应商的财务报表、交易历史、信用报告、信用评级等信息。同时，也可以考虑引入非传统数据源，如社交媒体和物联网传感器数据，以获取更全面的信用信息。

（2）建立信用评估模型。基于收集到的信用数据，金融机构应该开发信用评估模型，以量化和衡量供应链企业的信用风险。这些模型可以包括传统的财务指标、行业比较分析、历史违约率等，也可以整合先进的数据分析技术，如机器学习和人工智能，以提高评估的准确性和预测能力。

（3）动态监测和评估。信用评估不应仅限于一次性的审查，而应该是持续的动态过程。供应链金融机构需要建立监测系统，定期更新和审查供应链企业的信用状况。这有助于及时发现潜在风险，并采取必要的措施来管理这些风险。

（4）多维度评估。除了财务数据，供应链金融机构还应该考虑多维度评估，包括供应链企业的供应链健康度、市场竞争力、管理团队的经验和背景等因素。这样的多维度评估可以提供更全面的信用画像，减少单一指标带来的偏见。

（5）风险分类和分层。根据不同供应链企业的信用状况，供应链金融机构可以将其分为不同的风险类别，并制定相应的风险管理策略。这可以包括设置不同的融资条件、授信额度和利率，以根据风险程度对不同供应链企业进行区分对待。

总之，完善信用评估体系是供应链金融有效管理信用风险的关键步骤。通过收集全面的信用数据、建立准确的评估模型、进行动态监测和多维度评估、分层风险管理，供应链金融机构可以更好地理解和管理供应链企业的信用风险，从而确保供应链金融的稳健和健康发展。

（二）加强风险防控

加强风险防控是供应链金融中有效管理信用风险的关键环节。供应链金融可以通过多种手段和工具来分散与转移信用风险：

（1）风险多元化。供应链金融机构可以采用多元化的风险管理策略，以减少对单一企业或供应链环节的信用风险集中。这包括通过多元化的客户基础、多个供应商、多个地理区域或多种货币来分散风险。多元化可以降低整体信用风险，使金融机构更能承受不同企业或行业的风险。

（2）信用保险。信用保险是一种重要的风险防控工具，可以帮助供应链金融机构在出现违约时获得一定的赔偿。金融机构可以购买信用保险来保护其资产免受供应链企业违约的影响。这种保险可以降低信用风险，提供更大的安全感。

（3）担保机制。供应链金融机构可以与供应链企业达成担保协议，要求企业提供担保物或其他资产作为贷款的担保。这种担保可以在违约时用于弥补损失。担保机制有助于减轻供应链金融机构的信用风险。

（4）风险定价。金融机构可以根据供应链企业的信用状况来定价融资产品。更高信用风险的企业可能会面临更高的融资成本，以反映其风险。这种风险定价机制激励企业维护较高的信用水平，同时帮助金融机构更好地管理信用风险。

（5）信用审查和监测。供应链金融机构应该建立定期的信用审查和监测机制，以监测供应链企业的信用状况。这可以包括定期的信用报告、供应链企业财务状况的实时监测以及对风险指标的警报和反应机制。及时的监测有助于识别潜在风险并采取措施来降低风险。

总之，加强风险防控是供应链金融中有效管理信用风险的关键手段之一。通过多种工具和策略，如风险多元化、信用保险、担保机制、风险定价及信用审查和监测，供应链金融机构能够更好地分散和转移信用风险，确保供应链金融的稳健和健康发展。

（三）强化信用文化建设

强化信用文化建设是供应链金融有效管理信用风险的重要环节。供应链金融通过建设信用文化来增强供应链企业的信用意识和提高信用水平：

（1）教育和培训。供应链金融机构可以开展信用教育和培训计划，向供应链企业提供有关信用风险和信用管理的培训。这包括培训企业如何评估自身信用风险、维护好信用记录以及与金融机构合作时如何提高信用水平。培训计划可以增强供应链企业的信用意识，使其更能够积极管理信用风险。

（2）建立信用报告机制。供应链金融机构可以鼓励供应链企业建立信用报告机制，定期报告其财务状况和信用信息，这有助于形成透明的信用记录，使金融机构更容易评估信用风险。供应链企业了解其信用信息的重要性后，会更积极地建立和维护这些记录。

（3）引入奖惩机制。供应链金融机构可以引入奖惩机制，以激励供应链企业维护良好的信用记录。例如，对信用良好的企业提供更低的融资成本或更高的信用额度，而对信用较差的企业采取相应的风险调整措施。这可以推动供应链企业提高自身信用水平，以获得更有利的金融条件。

（4）共享信用信息。供应链金融机构可以促进信用信息的共享，使供应链企业之间能够更好地了解彼此的信用状况。这有助于建立互信关系，减少不良交易和欺诈行为。共享信用信息也可以为金融机构提供更多的参考信息，帮助其更好地评估信用风险。

（5）设立信用文化激励措施。供应链金融机构可以设立信用文化奖项，鼓励供应链企业积极参与信用文化建设。这可以包括年度信用优秀奖、最佳信用企业认证等激励措施，以增强供应链企业的信用意识和提高信用水平。

总之，强化信用文化建设是有效管理信用风险的重要一环。通过教育和培训、建立信用报告机制、引入奖惩机制、共享信用信息和设立信用文化激励措施，供应链金融可以帮助供应链企业增强信用意识和提高信用水平，从而确保供应链金融的稳定和健康发展。这样的文化建设不仅有益于金融机构和企业，还有助于提升整个供应链的信用素质。

三、供应链金融的可持续发展策略

供应链金融的可持续发展需要政府、金融机构和供应链企业共同努力与合作。首先，政府需要为供应链金融提供有利的政策和法律环境，推动供应链金融的标准化和规范化发展；其次，金融机构需要不断创新和完善供应链金融的产品与服务，提高供应链金融的适应性和竞争力；最后，供应链企业需要加强与金融机构的合作和沟通，更好地利用供应链金融服务，推动自身的发展和壮大。

供应链金融的可持续发展是一个复杂而关键的挑战，需要政府、金融机构和供应链企业之间的协同努力与密切合作。这种协同合作对于实现可持续性目标、促进经济增长和社会发展至关重要。

（1）政府的角色。政府在可持续供应链金融中扮演着关键的角色，可以通过制定政策、法规和监管框架来为可持续发展创造有利的环境。这包括设立激励措施，如税收激励、财政支持等，以及制定可持续采购政策以鼓励供应链企业采取可持续实践。政府还可以发挥中介作用，促使金融机构和供应链企业共同合作，以确保可持续性标准得到遵守和执行。同时，政府可以投资于基础设施建设，促进可再生能源和低碳技术的发展。

（2）金融机构的角色。金融机构在可持续供应链金融中占据关键地位，因为它们为供应链企业提供资金和融资解决方案。金融机构可以积极地将可持续性考虑纳入其融资决策中，鼓励供应链企业采取更环保、社会责任感更强的实践。创新金融产品和服务，例如绿色贷款、供应链融资，以支持可持续发展的项目。金融机构还可以提供 ESG 评估和咨询服务，帮助企业提高可持续性绩效。

（3）供应链企业的角色。供应链企业应当积极采取可持续实践，不仅仅是因为法规的要求，还因为这有助于降低成本、减少风险、增强声誉，从而提高竞争力。企业可以通过改进生产过程、提高资源效率、减少废物和污染来实现可持续性目标。同时，它们也可以与供应链的其他环节进行合作，共同努力改进整个供应链的可持续性。

（4）信息共享与透明度。所有相关方需要共享信息和数据，以确保供应链的透明度。这有助于减少不道德行为，如不当环保实践或不道德劳工条件等，并确保可持续性标准得到遵守。利用新技术，如区块链和大数据分析，提高供应链数据的可信度和准确性，有助于监督供应链的可持续性。

（5）教育与培训。意识增强是关键。政府、金融机构和供应链企业可以共同投资于可持续发展的培训与教育项目，以加深各方对可持续性的理解和兑现可持续发展的承诺。

在这个共同努力和协同合作的基础上，供应链金融的可持续发展将有更大的机会成功实现，从而为社会、经济和环境带来可持续的未来。这是一个复杂的目标，只有政府、金融机构和供应链企业共同努力，才能取得实质性的进展。

第七章 区块链技术在供应链金融领域中的应用

区块链技术通过提供透明度、自动化和资产数字化等功能，实现其在供应链金融领域的潜力和创新。区块链技术可以改善供应链金融的效率、安全性和可靠性，为供应链参与方提供更多的融资机会和增加资金流动性。区块链技术在供应链金融领域中的应用主要包含以下三个方面：

（1）透明度和可追溯性。区块链技术提供了供应链中数据的透明度和可追溯性。通过将交易和物流数据记录在区块链上，供应链参与方可以实时共享和查看相同的信息，消除信息不对称的问题。这种透明度使金融机构能够更准确地评估供应链中的交易风险，提高融资的可靠性和安全性。同时，区块链技术还可以追踪产品的来源、生产过程和质量检测等信息，确保产品的真实性和可信度。

（2）自动化和智能合约。区块链技术在供应链金融中的另一个应用是自动化和智能合约。智能合约是预先设定的代码逻辑，根据特定的条件和规则自动触发支付和结算。在供应链金融中，智能合约可以自动化执行融资过程。当满足特定条件（如货物交付确认）时，智能合约可以自动将资金支付给供应链参与方。这种自动化减少了烦琐的人工操作和中间环节，加快了融资的速度，提高了供应链参与方的资金流动性。

（3）资产数字化和质押。区块链技术可以将供应链中的资产进行数字化，并通过智能合约将其锚定在区块链上。供应链中的资产，如库存、订单和应收账款等，可以通过区块链进行可信度和真实性的验证，从而提供更多的质押物，帮助供应链参与方获得更多的融资机会。同时，区块链技术还可以实现资产的细粒度划分和共享，促进供应链中资产的高效利用和融资。

第一节　区块链技术在供应链金融中的优势与应用场景

区块链技术在供应链金融中具有独特的优势，并且有多个应用场景，能够提高供应链的透明度、安全性和效率。随着技术的发展和应用场景的拓展，区块链有望在供应链金融领域发挥更大的作用，并为供应链参与方带来更多的商业价值。

优势如下：

（1）去中心化和共享性。区块链是一个去中心化的分布式账本，允许供应链中的各方共享和访问相同的数据，可以消除信息不对称的问题。这使得供应链金融参与方可以更容易地共享贸易和金融信息，增加信息的透明度和可靠性。

（2）不可篡改性和数据安全。区块链使用密码学技术确保交易数据的安全性和不可篡改性。一旦数据被记录在区块链上，就无法被恶意修改，提供了高度的数据安全性和可信度。

（3）智能合约和自动化。区块链可以使用智能合约技术，在供应链金融中实现自动化的合同执行和支付。智能合约可以根据预设的条件和规则自动触发支付与结算，减少了人为错误和交易的时间成本。

应用场景如下：

（1）资金流动和供应链融资。区块链可以提供实时的、可追溯的交易数据，帮助金融机构更准确地评估供应链中的交易风险，为供应链参与方提供更便捷的融资服务。通过智能合约，资金可以直接在供应链中流动，减少了传统金融机构的中间环节和时间成本。

（2）物流和供应链管理。区块链可以追踪物流过程中的货物位置、状态和时间戳等信息，提供实时的物流数据。这有助于供应链参与方更好地掌握物流情况，提高供应链的可见性和响应能力。同时，通过区块链记录供应链中的原材料来源和产品溯源等信息，可以确保产品的质量和可信度。

（3）供应链合规性和透明度。区块链可以帮助监管机构和供应链参与方实现合规性和透明度。通过记录和共享交易数据，监管机构可以更容易地监督供应链金融活动，更好地防范欺诈和违规行为。供应链参与方也可以更方便地证明其合规性和可信度，增加与金融机构的合作机会。

一、区块链技术在供应链金融中的实际应用案例

区块链技术在供应链金融领域有多个具体应用案例。以下是一些常见应用领域：

（1）贸易融资。区块链可以用于改进贸易融资流程。通过将贸易相关的数据和文件记录在区块链上，各参与方可以实时共享和验证信息，从而减少信用风险和更好地解决融资难题。智能合约可以使贸易融资的流程自动化，例如根据货物运输信息和交付确认自动触发支付。

（2）供应链可追溯性。区块链可以提供供应链中产品的可追溯性。通过在区块链上记录产品的原材料来源、生产过程、物流信息等，消费者和监管机构可以追踪产品的全生命周期。这有助于确保产品的质量、可信度和合规性。

（3）物流和仓储管理。区块链可用于物流和仓储管理的优化。通过记录和共享物流信息（如货物位置、运输状态、温度记录等），供应链参与方可以实时追踪和管理物流过程。这有助于提高物流的可见性，减少延误和损失，并提高供应链的效率。

（4）供应链金融可信度评估。区块链可以用于评估供应链参与方的可信度。通过记录参与方的交易历史、信用评级、供货能力等信息，区块链可以提供更准确和可靠的参与方评估。这有助于金融机构更好地了解供应链参与方的信用状况，降低信用风险。

（5）资产溯源和库存管理。区块链可以用于资产溯源和库存管理。通过在区块链上记录资产（如原材料、零部件等）的所有权和流转信息，可以实现资产的可追溯性和透明度。这有助于减少资产丢失和欺诈情况，并提高库存管理的效率。

这些应用领域只是供应链金融中区块链技术应用的一部分，随着区块链技术的发展和采用的增加，预计将出现更多的应用案例，为供应链金融带来更多的机遇和改进。区块链技术在供应链金融领域已经有一些实际的应用案例，以下是一些具体的实例：

IBM Food Trust。IBM Food Trust 是一个基于区块链技术的食品供应链解决方案。它通过将食品供应链中的数据记录在区块链上，提供了食品的可追溯性和可验证性。消费者和供应链参与方可以通过扫描产品的 QR 码或条形

码，查看产品的来源、生产信息以及质量检测报告等。这有助于确保食品的安全性和可信度。

TradeLens。TradeLens 是 IBM 和 Maersk 合作推出的全球贸易区块链平台。该平台通过在区块链上记录和共享全球贸易的物流信息，提供了实时可见性和透明度。供应链参与方可以追踪货物的位置、运输状态和时间，减少延误和纠纷，并提高贸易的效率和安全性。

We. Trade。We. Trade 是一个由 9 家欧洲银行共同推出的基于区块链的贸易金融平台。它利用区块链技术改进了贸易融资流程，实现了更快速、安全和透明的跨境交易。供应链参与方可以在平台上进行贸易融资申请、交易融资和结算，简化了烦琐的纸质流程，并减少了风险。

AntChain。AntChain 是蚂蚁集团推出的区块链平台，广泛应用于供应链金融领域。它提供了供应链金融可信度评估、贸易融资、物流管理等功能。通过区块链技术，AntChain 实现了供应链参与方的信用记录和交易数据的共享与验证，为金融机构提供更精准的供应链金融服务。

这些实际应用案例，展示了区块链技术在供应链金融中的具体应用。除了上述提到的 IBM、Maersk、蚂蚁集团等公司外，还有一些其他公司也在供应链金融中使用了区块链技术。如：

Provenance。Provenance 是一家总部位于英国的公司，使用区块链技术实现产品的供应链透明度和可追溯性。它的平台允许企业和消费者查看产品的原材料来源、生产过程和环境影响等信息，助力建立可信的供应链体系。

VeChain。VeChain 是一家总部位于新加坡的区块链公司，专注于提供供应链解决方案。它通过区块链技术实现产品的溯源和验证，确保供应链数据的可信度和透明度。它在食品、酒类、奢侈品等行业有广泛的应用案例。

Skuchain。Skuchain 是一家位于美国的公司，提供基于区块链的供应链金融解决方案。它的平台利用智能合约和区块链技术，简化了供应链中的交易和融资流程，提高了供应链参与方的资金流动性。

这些公司都在不同程度上利用区块链技术来改善供应链金融领域的效率和透明度。它们的应用案例涵盖了多个行业和领域，展示了区块链技术在供应链金融中的潜力和创新。

二、区块链助力解决供应链金融中的融资难题

区块链技术在供应链金融中的应用可以帮助解决融资难题，主要体现在以下几个方面：

首先，区块链技术提供了更准确和可靠的交易信息与信用记录。通过将供应链中的交易和物流数据记录在区块链上，供应链参与方可以实时共享和查看相同的信息，消除信息不对称的问题。金融机构可以更精确地评估供应链中的交易风险，降低不确定性，从而更愿意提供融资支持。

其次，区块链技术实现了供应链中资产的数字化和可信度验证。通过将供应链中的资产，如库存、订单和应收账款等进行数字化并锚定在区块链上，可以提供更多的质押物来支持融资。这些数字化的资产可以通过区块链进行验证，保证其真实性和可信度，从而增加了金融机构对融资的信心。

最后，区块链技术的智能合约功能可以自动化执行融资过程，提高融资效率。智能合约是预先设定的代码逻辑，根据特定的条件和规则自动触发支付与结算。在供应链金融中，当满足特定条件（如货物交付确认）时，智能合约可以自动将资金支付给供应链参与方，减少了烦琐的人工操作和中间环节，加快了融资的速度。

区块链技术在供应链金融中的应用通过提供准确的交易信息、可信的资产验证和自动化的融资流程，有助于解决融资难题。它提高了供应链参与方的信用可见性，增加了金融机构对融资的信心，提高了融资的效率和可靠性，为供应链参与方提供更多的融资机会，进一步解决了融资难题。

（一）区块链技术确保供应链交易信息和信用记录的准确性与可靠性

区块链技术通过其特有的特征和机制来确保供应链中的交易信息与信用记录的准确性及可靠性。以下是几个关键方面：

（1）分布式账本。区块链是一个分布式账本，它由多个节点组成，并且每个节点都具有完整的账本副本。当交易发生时，该交易被广播到网络中的多个节点，并经过验证和记录。这种分布式的特性确保了交易信息的共识和一致性。任何人都可以查看和审计账本上的交易，从而确保交易信息的准确性和可信度。

（2）共识机制。区块链利用共识机制来验证和确认交易的有效性。常见的共识机制包括工作量证明和权益证明。在这些机制下，网络中的节点必须通过解决复杂的数学问题或提供一定数量的权益来竞争获得验证交易的权力。只有经过共识验证的交易才能被添加到区块链中，从而确保了交易的准确性和可靠性。

（3）不可篡改性。区块链中的交易记录是不可篡改的。一旦交易被确认并添加到区块链中，它将被永久性地嵌入区块链的区块中，并与后续的区块链接在一起，形成一个不断增长的链条。由于每个区块都包含前一个区块的哈希值，任何对先前区块的篡改都会导致整个区块链的哈希值发生变化，从而被其他节点所拒绝。这种不可篡改的特性确保了交易信息的完整性和可靠性。

（4）加密算法。区块链使用加密算法来确保交易信息和信用记录的安全性。交易数据在传输和存储过程中被加密，只有具有相应私钥的参与方才能解密和访问数据。这种加密机制保护了交易信息的机密性，并能防止数据被篡改。

区块链技术通过分布式账本、共识机制、不可篡改性和加密算法等特征和机制，确保了供应链中的交易信息和信用记录的准确性和可靠性。这提高了供应链金融的可信度和透明度，减少了信息不对称和欺诈的风险，并提供了更可靠的基础来评估和验证供应链参与方的信用。

（二）区块链技术应对供应链中的交易速度和可扩展性挑战

区块链技术通过优化共识算法、分层设计、侧链和闪电网络、分布式存储和数据压缩，以及副链和并行处理等方式来应对供应链中的交易速度和可扩展性挑战。这些解决方案使得区块链系统能够更好地适应大规模的交易需求，提高交易的效率和整体系统的可扩展性。以下是几个关键方面：

（1）共识算法的优化。传统的区块链共识算法如 PoW 在保证安全性的同时，对交易速度和可扩展性有一定的限制。为了应对这个挑战，一些新的共识算法如 PoS 和 PoA 被提出。这些算法通过降低计算量和能源消耗，提高交易的确认速度和整个系统的可扩展性。

（2）分层设计。为了提高交易速度和可扩展性，一些区块链项目采用了分层设计。这种设计将交易分成不同的层级，其中一些层级可以进行快速的交易确认，而其他层级可以用于更重要的交易或进行更严格的验证。这种分层设计可以平衡交易速度和安全性需求，提高整个系统的可扩展性。

（3）侧链和闪电网络。侧链和闪电网络是通过构建与主区块链并行的辅助链或网络来提高交易速度和提供解决可扩展性问题的方法。侧链是与主链相互连接的独立链，可以处理更多的交易并将结果汇总到主链上。闪电网络则是一种基于多重支付通道的解决方案，通过在链下进行交易，减少链上交易的负担，从而提高交易速度和可扩展性。

（4）分布式存储和数据压缩。为了提高系统的可扩展性，一些区块链项目采用了分布式存储和数据压缩技术。通过将数据存储在多个节点上，减少了单个节点的负担，并提高了整个系统的吞吐量。同时，采用数据压缩技术可以减小数据的存储和传输开销，提高交易的效率和速度。

（5）副链和并行处理。副链是一种并行处理交易的方式，它将交易分成多个子链并同时进行处理。这种并行处理的方式可以提高交易的处理速度和整个系统的可扩展性。副链可以根据具体需求来设计，例如按照交易类型、参与方或地理位置等进行划分，以实现更高效的交易处理。

（三）区块链技术在供应链金融中的发展前景和挑战

区块链技术在供应链金融中具有巨大的发展前景。它有助于降低融资成本，提高融资效率，增强供应链透明度和可信度，拓宽融资渠道，并促进供应链金融创新。随着区块链技术的不断成熟和应用场景的扩展，供应链金融也将迎来更多的机遇和发展。以下是几个关键方面：

（1）降低融资成本。区块链技术可以通过提供更准确的交易信息和信用记录，降低供应链金融的风险和不确定性，从而降低融资成本。通过数字化和可信的资产验证，供应链参与方可以提供更多的质押物来支持融资需求，进一步降低融资成本。

（2）提高融资效率。区块链技术的智能合约功能可以自动执行融资过程，从而提高融资效率。智能合约可以根据特定条件和规则自动触发支付与结算，减少人工操作和中间环节，加快融资速度。同时，供应链参与方可以实时共享和查看相同的信息，消除信息不对称，进一步提高融资效率。

（3）增强供应链透明度和可信度。区块链技术具有分布式账本和不可篡改性，使得供应链中的交易信息和信用记录具有高度的透明度与可信度。供应链参与方可以共享和验证交易数据，防范欺诈和不诚信行为，增强整个供应链的透明度和可信度。这使得金融机构更有信心提供融资支持，促进供应链金融的发展。

（4）拓宽融资渠道。区块链技术可以为供应链参与方拓宽融资渠道。通过区块链平台，供应链参与方可以与全球范围内的投资者和金融机构进行直接的交互与融资合作，实现资金的高效流动和快速匹配。这扩大了供应链参与方的融资选择，为他们提供更多的融资机会。

（5）促进供应链金融创新。区块链技术的引入为供应链金融带来了创新的机会。例如，基于区块链的供应链融资产品和服务的开发，如供应链债券、供应链数字资产等，可以满足不同供应链参与方的融资需求。同时，区块链技术与其他技术（如物联网、人工智能等）的结合，也为供应链金融创新提供了更广阔的空间。

区块链面临的挑战如下：

（1）技术成熟度和标准化问题。区块链技术在供应链金融中的应用仍面临技术成熟度和标准化的挑战，需要进一步发展和完善区块链的性能、扩展性和隐私保护等方面的技术，以满足供应链金融的实际需求。

（2）合作和生态系统建设问题。供应链金融涉及多个参与方之间的合作和协调。建立一个完整的区块链生态系统，需要各方共同参与和合作，包括供应链参与方、金融机构、技术提供商和监管机构等。这需要跨界合作和制定共同的标准与规范。

（3）法律和监管环境问题。区块链技术的应用往往需要适应当地的法律和监管环境。尤其是涉及金融和合规方面的应用，需要与相关的法律和监管机构密切合作，确保合规性并解决法律障碍。

第二节　供应链金融与区块链技术融合发展的依据

供应链金融与区块链技术的融合发展基于区块链的去中心化和信任机制、交易记录的不可篡改性、智能合约的自动化执行、资产数字化和可信凭证，以及融资渠道和创新产品拓宽等优势。这些特性为供应链金融带来了更高效、安全和可信的交易环境，促进了供应链金融的发展和创新。

一、传统模式下供应链金融的发展瓶颈

传统模式下供应链金融的发展受到信息不对称、资金流动限制、融资成本高、缺乏灵活性和个性化服务，以及中间环节多和交易流程复杂等瓶颈的制约。这些问题限制了供应链金融的效率和发展潜力。因此，引入新技术如区块链等可以为传统供应链金融带来创新，解决这些瓶颈问题，促进供应链金融的进一步发展。传统模式下供应链金融面临一些发展瓶颈，其中包括以下几个主要问题：

（1）信息不对称。传统供应链金融中存在信息不对称的问题。供应链参与方的信息不一定对金融机构透明，导致金融机构难以准确评估风险和信用状况。这限制了金融机构提供融资支持的能力，尤其是对于中小微企业等缺乏信用记录的供应链参与方。

（2）资金流动限制。传统供应链金融中，资金流动受到限制。融资往往需要通过烦琐的纸质文件和人工审核流程，导致融资速度慢、流程复杂。这对于供应链参与方来说，尤其是中小企业，造成了资金周转不畅的问题。

（3）融资成本高。传统供应链金融中，由于信息不对称和资金流动限制，导致融资成本较高。金融机构需要进行复杂的风险评估和审查程序，同时承担较高的风险，因此通常会对融资收取较高的利息和费用。这加重了供应链参与方的融资负担，限制了供应链金融的发展。

（4）缺乏灵活性和个性化服务。传统供应链金融往往缺乏灵活性和个性化服务。融资方案和产品通常是标准化的，无法满足不同供应链参与方的特殊需求。这导致供应链参与方无法得到定制化的金融支持，限制了其发展和创新能力。

（5）中间环节多和交易流程复杂。传统供应链金融中存在许多中间环节和复杂的交易流程。从融资申请到资金到账，需要经过多个环节和各方的确认与核实，这增加了时间成本和操作风险。同时，中间环节也增加了交易的复杂性和不确定性。

（一）供应链上的信息孤岛效应普遍存在

供应链上的信息孤岛效应是一个普遍存在的问题。信息孤岛指的是供应链中各个环节或参与方之间信息隔离和断裂的情况，导致信息无法有效共享和流通。

导致供应链上信息孤岛效应的一些常见原因有：

（1）数据格式和标准不一致。供应链中的不同参与方可能使用不同的数据格式和标准，导致数据难以互通和共享。这使得信息的整合和分析变得困难，阻碍了供应链各环节之间的协同和合作。

（2）信息壁垒和保密需求。供应链中的某些信息可能受到商业保密或竞争敏感性的限制，导致参与方不愿意共享信息。这样就造成了信息的隔离和孤立，阻碍了供应链的透明度和协同效应。

（3）技术和系统不兼容。供应链参与方使用的不同技术和信息系统可能不兼容，无法实现信息的无缝连接和共享。这使得数据在不同系统之间传输和转换变得困难，增加了信息孤岛的存在。

（4）缺乏共享平台和标准。在供应链中，缺乏共享平台和标准化的数据交换方式，使得参与方之间的信息共享更加困难。没有一个统一的平台来促进信息流通，导致信息孤岛问题的出现。

信息孤岛效应对供应链的运作和效率产生了负面影响，包括以下几个方面：

（1）缺乏可见性和透明度。信息孤岛导致供应链参与方无法可视化整个供应链。这使得供应链的监控和管理变得困难，难以及时发现和解决问题。

（2）信息滞后和延误。由于信息无法实时共享和传递，供应链中的信息滞后和延误现象普遍存在。这使得决策和响应变得缓慢，影响了供应链的灵活性和快速反应能力。

（3）风险和不确定性增加。信息孤岛导致供应链参与方难以准确评估整个供应链的风险和不确定性。缺乏综合和准确的信息，使得风险管理和应对策略变得困难，增加了供应链的风险暴露。

为解决信息孤岛效应，可以采取以下措施：

（1）推动信息标准化。建立统一的数据格式和标准，使得供应链中的各参与方能够互通信息。这有助于提高数据的可比性和可共享性，减少信息孤岛的存在。

（2）引入数据集成和共享平台。建立供应链数据集成和共享平台，促进参与方之间的信息共享和协同。通过统一的平台，实现数据的无缝连接和共享，提高供应链的可见性和协同效应。

（3）应用区块链和物联网等新技术。区块链和物联网等新技术可以提供安全、可信的数据交换和共享机制。通过应用这些技术，可以促进供应链中数据的实时传输和共享，减少信息孤岛问题的发生。

（4）建立合作伙伴关系和信息共享机制。供应链中的各参与方可以建立合作伙伴关系，并制定信息共享机制。通过共同约定和合作，促进信息的流通和共享，减少信息孤岛的存在。

综上所述，解决供应链上的信息孤岛效应需要推动数据标准化、引入数据集成和共享平台、应用新技术、建立合作伙伴关系和信息共享机制等措施，以提高信息的可见性、流通性和协同效应，从而实现供应链的高效运作。

（二）核心企业信用不能向上下游传递

核心企业信用无法直接向上下游传递是供应链中常见的问题之一。这种情况下，核心企业的信用评级和声誉在供应链中无法充分发挥作用，而供应链上游和下游的参与方可能面临以下问题：

（1）融资困难。上游和下游的参与方往往需要获得融资来支持其业务运作和发展。然而，由于核心企业的信用无法向上下游传递，这些参与方往往难以获得与核心企业相同的融资条件和利率，导致融资成本增加，甚至无法获得融资。

（2）信任缺失。上游和下游的参与方可能对核心企业的支付能力与履约能力存在一定的不确定性。由于无法直接获取核心企业的信用信息，这些参与方可能会对与核心企业的交易持谨慎态度，增加了交易的风险和不确定性。

（3）供应链断裂。在供应链中，上游和下游的参与方之间存在着相互依赖的关系。如果核心企业因信用不佳导致某个环节出现问题，可能会使整个供应链产生连锁反应，导致供应链的断裂和运作中断。

这种情况下，为了解决核心企业信用无法传递的问题，可以考虑以下措施：

（1）建立供应链金融机制。通过建立供应链金融机制，上下游参与方可以共享风险和融资成本。这种机制可以基于核心企业的信用评级来确定融资条件和利率，从而使得上下游参与方能够更容易地获得融资。

（2）供应链合作和共享风险。核心企业可以与上下游参与方建立紧密的供应链合作关系，共同承担风险和责任。通过共享供应链中的信用信息和风险评估，可以增加上下游参与方对核心企业的信任，降低交易风险。

（3）引入第三方信用评估机构。引入独立的第三方信用评估机构对核心企业和上下游参与方的信用进行评级与监测，可以提供独立、客观的信用评级结果，使得上下游参与方能够更准确地评估核心企业的信用风险。

（4）应用区块链技术。区块链技术可以提供透明、可追溯的交易记录和信用信息共享平台。通过将供应链中的交易和信用信息记录到区块链上，可以实现信息的实时共享和透明性，提高核心企业信用的可传递性。

解决核心企业信用无法向上下游传递的问题需要采用建立供应链金融机制、供应链合作和共享风险、引入第三方信用评估机构以及应用区块链技术等措施。这些措施有助于增强上下游参与方对核心企业信用的信任，降低交易风险，并促进供应链的顺畅运作。

（三）供应链金融中的履约风险

履约风险在供应链金融中是一个重要的挑战。传统供应链金融数据模型可能无法充分考虑到材料供应商、买家和金融单位之间的复杂关系，以及相关主体的道德素质和履约积极性对履约风险的影响。以下是一些可能导致履约风险无法有效控制的因素：

（1）道德风险。供应链中的各方可能存在不诚信行为，如资产转移、虚假交易、违约等。这些行为可能导致履约风险的增加，因为无法完全依靠传统的数据模型来捕捉和评估这些风险。

（2）多级供应商的清算问题。在供应链中，存在多级供应商的情况，当最终买家与原始供应商之间存在多级中间商时，清算问题可能变得复杂。这可能导致支付延迟、资金流动性问题以及履约风险的增加。

（3）利率风险。供应链金融涉及资金的借贷和利息支付，而利率的波动可能会对供应链中的各方产生负面影响。不同利率环境下的还款压力和资金成本变化可能导致履约风险的不确定性。

为了应对这些问题，可以考虑采取以下措施：

（1）信息共享和提高透明度。建立供应链中各方之间的信息共享机制，提高透明度和可见性。通过共享数据和信息，可以更好地了解供应链中的风险，并采取相应的控制措施。

（2）引入新技术。利用新技术如区块链、物联网和大数据分析，提高供应链金融数据的准确性和可信度。区块链技术可以提供去中心化的交易记录，确保数据的安全性和不可篡改性，从而减少潜在的道德风险。

（3）强化合同管理和风险评估。建立完善的合同管理机制，明确各方的权利和责任，并设立相应的奖惩机制。同时，进行全面的风险评估和监控，及时发现和应对履约风险。

（4）多方合作和共同承担风险。供应链中的各方应加强合作，共同承担风险。金融单位可以与核心企业和供应商建立紧密的合作关系，共同管理和控制履约风险。

尽管履约风险无法完全被消除，但通过综合考虑采取信息共享、技术创新、合同管理、风险评估和多方合作等措施，可以增强对履约风险的管控能力，并提高供应链金融的可靠性和稳定性。

二、区块链＋供应链金融新模式的可行性

区块链技术在供应链金融领域具有巨大的潜力，可以改变传统供应链金融模式，提供更可行和高效的解决方案。以下是关于区块链＋供应链金融新模式可行性方面的一些考虑：

（1）交易透明度与可追溯性。区块链可以提供去中心化的交易记录和智能合约，使交易数据在链上透明可见，并且无法篡改。这样的特性可以增加供应链金融的透明度和可追溯性，防范信息不对称和欺诈行为。

（2）去除中介环节。传统供应链金融模式中存在多个中介环节，导致信息传递和资金流转的延迟与成本增加。区块链可以通过去除中介环节，实现直接的点对点交易和融资，提高整个供应链金融的效率和速度。

（3）资产数字化与可质押性。通过区块链技术，供应链中的资产（如存货、订单、应收账款等）可以进行数字化表示，并作为可质押的资产。这样，金融机构可以更容易地评估和验证供应链中的资产价值，为中小企业提供更多的融资机会。

（4）智能合约与自动化执行。区块链上的智能合约可以根据预设条件自动执行，减少人为错误和操纵的可能性。这可以提高合同履约的可靠性，并降低风险。

（5）多方共享与风险分散。区块链可以实现供应链参与方之间的实时数据共享，促进信息流通和风险分散。参与方可以共同监控供应链的各个环节，及时发现问题并采取措施，增加供应链金融的稳定性和安全性。

然而，尽管区块链在供应链金融中有很大的潜力，但也面临一些挑战和限制。例如，技术成熟度、标准化和互操作性、隐私保护等方面仍需进一步解决。此外，推广和采用新的区块链＋供应链金融新模式需要各方的合作和共识，包括核心企业、供应商、金融机构和监管机构等。

综上所述，区块链与供应链金融的结合具有可行性，并且有望提供更高效、透明和安全的供应链金融解决方案。随着技术的进一步成熟和各方的广泛应用探索，区块链＋供应链金融新模式将有望推动供应链金融行业的发展和创新。

（一）通过分布式账本解决信息不对称问题

分布式账本（Distributed Ledger Technology，DLT），如区块链，可以帮助解决供应链金融中的信息不对称问题。在传统的供应链金融模式中，各方之间的信息流动不畅，导致信息不对称，从而增加了交易风险和融资成本。以下是通过分布式账本解决信息不对称问题的几个关键点：

（1）透明性。区块链作为一种分布式账本技术，可以提供透明的交易记录和数据可追溯性。参与供应链金融的各方可以实时查看和验证交易信息，从而减少信息不对称和潜在的欺诈行为。

（2）去中心化。传统供应链金融中存在多个中介机构，导致信息传递的滞后和成本的增加。而区块链技术可以实现去中心化的交易和数据存储，使得供应链金融参与方可以直接进行点对点的交易和信息共享，减少中介环节，提高效率。

（3）智能合约。区块链上的智能合约可以编程方式定义和执行合约条款。通过智能合约，供应链金融参与方可以实现自动化的合约执行和支付，减少人为错误和纠纷，并进一步增强交易的可信度。

（4）数据安全与隐私保护。区块链采用加密算法保证数据的安全性，同时可以实现身份验证和权限管理。参与方可以控制自己的数据，并选择与其他参与方共享特定的信息，以保护商业隐私。

（5）共享经济和共同治理。通过分布式账本，供应链金融参与方可以共享数据和风险，形成共享经济的合作模式。各方可以共同参与供应链金融的治理过程，共同制定规则和决策，增加信任和合作。

需要注意的是，采用分布式账本并不是解决所有供应链金融问题的法宝。

在实施过程中，仍然需要解决技术标准、互操作性、合规性和监管等方面的问题。此外，推广和采用新技术模式需要各方的共同参与和共识。

总体而言，通过分布式账本技术（如区块链），可以提供更透明、高效、安全和可信的供应链金融解决方案，有助于解决信息不对称问题，并推动供应链金融行业的发展。

（二）通过数字签名实现核心企业信用价值的传递

通过数字签名可以实现核心企业信用价值的传递，从而在供应链金融中增强参与方的信任和可靠性。以下是通过数字签名传递核心企业信用价值的几个关键点：

（1）真实性验证。核心企业可以使用数字签名技术来签署相关的信用文件或合同，确保文件的真实性和完整性。数字签名使用非对称加密算法生成唯一的加密签名，只有核心企业的私钥才能生成该签名，其他参与方可以使用核心企业的公钥验证签名的真实性。

（2）身份认证。数字签名可以用于核实核心企业的身份。在数字签名过程中，核心企业使用其私钥进行签名，其他参与方可以使用核心企业的公钥验证签名。这样可以确保交易中的核心企业身份真实可信，减少冒充和欺诈的可能性。

（3）信用传递。通过数字签名，核心企业可以将其信用价值传递给供应链中的其他参与方。例如，核心企业可以签署供应商的信用文件，确认供应商信用的可靠性，并将这些签署的文件传递给金融机构。金融机构可以验证签名的真实性，并根据核心企业的信用评估为供应商提供融资机会。

（4）不可篡改性。数字签名使用加密算法生成唯一的签名，这使得签名无法被篡改或伪造。一旦签名生成，即使对文件进行微小的更改，签名也会发生变化。这样可以确保核心企业信用价值的传递是可靠和不可篡改的。

通过数字签名实现核心企业信用价值的传递可以提高供应链金融中各方的信任和可靠性。核心企业的数字签名可以作为信用背书，帮助供应链中的其他参与方获得更多的融资机会，并促进供应链金融的发展和创新。然而，为了实现数字签名的有效传递，需要确保私钥的安全性，以防止私钥泄露和未经授权的签名使用。

需要注意的是，数字签名只是传递核心企业信用价值的一种技术手段，在实际应用中还需要考虑其他因素，如信用评估的准确性、信息披露的透明度等。

（三）通过智能合约防止合同履行风险

智能合约可以在一定程度上有效防止合同履行风险。智能合约是一种基于区块链技术的自动执行合约，其中的条款和条件以可编程的方式定义，并且在满足特定条件时自动执行相应的操作。以下是通过智能合约防止合同履行风险的几个关键点：

（1）自动执行。智能合约可以在设定的条件满足时自动执行合约中约定的操作，这消除了人为错误和延迟，减少了合同履行过程中的风险。例如，在供应链金融中，智能合约可以自动触发支付操作，确保按时支付供应商的款项，减少支付风险。

（2）不可篡改性。智能合约基于区块链技术，其中的合约代码和交易记录被保存在分布式网络中，具有不可篡改性。这意味着合约的执行过程和结果是公开透明的，各方都可以验证和审计合约的执行情况，减少了信息不对称和欺诈的可能性。

（3）自动化监测与惩罚机制。智能合约可以设置监测机制，实时监测合约履行的情况。如果某一方未按约定履行合同，智能合约可以自动触发相应的惩罚机制，如罚款或解除合同。这增加了合同履行的监督和约束力，减少了风险和违约的可能性。

（4）多方参与和共识机制。智能合约可以实现多方参与和共同治理。在合同中涉及的各方可以共同参与合约的制定和修改，并通过共识机制达成一致。这增加了各方之间的信任和合作，减少了合同履行风险。

尽管智能合约可以减少合同履行风险，但仍然需要注意以下几点：

（1）条款的准确性。智能合约的设计需要确保条款的准确性和清晰度，以避免歧义和争议。

（2）外部数据的获取。智能合约可能需要获取外部数据来验证和执行合约。确保外部数据的可靠性和安全性是重要的。

（3）技术限制和安全性。智能合约技术仍处于发展阶段，可能存在技术限制和安全漏洞。持续进行技术研究和采取安全措施是必要的。

综上所述，智能合约可以在一定程度上有效防止合同履行风险，通过自动执行、不可篡改性、自动化监测与惩罚机制、多方参与和共识机制来提高合同履行的可靠性和效率。然而，在实际应用中，仍需综合考虑技术、法律和商业等因素，以确保合同的有效履行和争议解决。

（四）通过全线上操作实现融资活动的降本增效

供应链金融的全线上操作在降低成本和提高效率方面有明显的优势。它简化了操作流程、加快了信息传递、提高了数据管理的效率，并通过数据分析和智能算法提供了更好的风险管理与决策支持。

首先，全线上操作消除了烦琐的纸质流程和人工干预，使融资申请、文件提交、审批流程等环节可以在线进行。这大大简化了操作流程，减少了时间和资源的浪费，提高了操作的效率。

其次，在线平台实现了实时数据传递和信息共享。核心企业、供应商和金融机构可以通过平台进行即时的沟通与交流，避免了传统方式下信息传递的延迟和不准确性。这有助于快速解决问题、加快决策过程，提高了供应链金融的效率。

再次，全线上操作集中管理供应链金融相关的数据和文件。各方可以在在线平台上随时访问和共享所需的信息，消除了纸质文件丢失或遗漏的问题。这样不仅提高了数据的可靠性和可访问性，还减少了文件管理的成本和风险。

最后，在线平台提供了数据分析和智能算法的支持，可用于风险管理和决策支持。通过对供应链数据的实时监测和分析，可以更准确地评估风险，为融资决策提供有力支持。这有助于降低风险，提高融资活动的可靠性和效率。

三、供应链金融痛点的区块链解决方案

通过区块链技术解决供应链金融的痛点，可以提高行业的效率和信任度。然而，实施区块链解决方案需要考虑网络安全、数据隐私保护和技术标准的问题。此外，行业参与者需要共同合作和制定一致的规则与标准，以实现区块链技术的广泛应用和互操作性。供应链金融痛点的区块链解决方案的几个关键点包括：

（1）信任与透明度。供应链金融中存在着信息不对称和信任问题，导致融资方和金融机构之间的合作困难。区块链技术通过分布式账本和智能合约，

建立了一个透明且不可篡改的数据记录系统。所有参与方都可以实时共享和验证交易数据，增加了信任和透明度，减少了欺诈和纠纷的风险。

（2）资产可追溯性。供应链金融中，资产的溯源和真实性是重要的考量因素。区块链技术可以实现资产的唯一标识和追溯，将每一笔交易和资产信息记录在区块链上，确保其真实性和可信度。这样，金融机构可以更容易地核实资产的价值和可流动性，减少投资风险。

（3）自动化和智能合约。区块链技术可以通过智能合约实现自动化的合同执行和支付机制。智能合约是基于预设条件和规则的自动执行程序，可以自动触发支付、解锁资产或执行其他操作，无须人工干预。这样可以提高操作的效率，减少延迟和错误，并降低操作成本。

（4）融资可持续性和流动性。传统供应链金融中，融资方往往面临资金周转不灵活和融资周期长的问题。区块链技术可以通过数字化资产和资产代币化的方式，实现融资资产的可流动性和可分割性。这样，融资方可以更便捷地将资产转让给其他投资者，提高资金的流动性和融资的可持续性。

（一）分布式账本技术降低供应链金融项目风险

分布式账本技术降低了供应链金融项目风险，提供了更可靠、安全、透明和高效的交易环境。然而，实施分布式账本技术需要充分考虑网络安全和数据隐私的问题，并确保参与方之间的合作和共识，以实现技术的有效应用和系统的互操作性。

分布式账本技术在供应链金融领域降低项目风险的几个关键点：

（1）数据可靠性和安全性。分布式账本技术（如区块链）提供了去中心化的数据存储和验证机制。通过将交易数据分布在多个节点上，并使用加密算法确保数据的安全性和完整性，可以减少数据篡改和欺诈的风险。这使得供应链金融项目的数据更可靠，增加了参与方的信任度。

（2）去除单点故障。传统供应链金融系统依赖于集中式的中心服务器，存在单点故障的风险。分布式账本技术通过将数据和功能分散在多个节点上，消除了单一故障点，提高了系统的稳定性和可用性。即使某个节点发生故障，其他节点仍然能够继续运行，确保了供应链金融项目的持续运作。

（3）实时追踪和可溯源性。分布式账本技术使得供应链金融项目的交易和资产能够实时追踪与溯源。通过将交易记录和资产信息记录在分布式账本上，所有参与方都可以实时查看和验证交易的状态与历史，确保交易的透明度和可追溯性。这有助于减少欺诈和非法活动，提高供应链金融项目的风险管理能力。

（4）智能合约和自动化执行。分布式账本技术支持智能合约的使用，这是一种基于预设条件和规则的自动执行程序。智能合约可以自动触发和执行特定的交易和操作，无须人工干预，减少了操作的延迟和错误。这提高了供应链金融项目的效率和准确性，并降低了人为因素引起的风险。

（二）智能合约技术降低供应链金融操作风险

智能合约技术在供应链金融领域的应用为降低操作风险提供了关键性的解决方案。以下是几个关键点，探讨智能合约技术如何实现这一目标。

首先，智能合约的自动化执行能够显著减少操作延迟和错误，提高供应链金融交易的执行准确性和效率。通过基于预设条件和规则的编码，智能合约可以自动触发和执行特定的交易与操作。这消除了人为因素引起的潜在风险，比如错误记录、延迟支付或违约行为。自动化执行不仅减少了操作风险，还提供了更快速、可靠的交易执行，为供应链金融提供了稳定的基础。

其次，智能合约确保供应链金融规则和条件的一致性与强制执行。通过将规则和条件编码为可执行的代码，智能合约确保了交易的合规性和准确性。例如，智能合约可以设定付款条件，如特定的交货日期或货物质量标准。当这些条件满足时，智能合约会自动执行相应的付款，减少了违约和争议的风险。规则和条件的强制执行提高了供应链金融交易的可靠性与可预测性，降低了操作风险。

再次，智能合约的执行过程在区块链上是可查看和可追溯的，从而确保了交易的透明度和可信度。所有参与方都可以查看智能合约的状态和交易历史记录，确保交易过程的透明度和可追溯性。这有助于减少欺诈和非法行为，提高参与方对操作的信任度。透明度和可追溯性为供应链金融操作提供了监管机制，降低了潜在的风险。

最后，智能合约技术还支持自动化合规和风险管理。智能合约可以内置合规性和风险管理的规则，实现自动身份验证、风险评估和合规审查等功能。这有助于减少操作中的合规风险，并提供自动化的风险管理策略，例如自动调整融资额度或利率，以应对市场变化和风险状况。自动化合规和风险管理有效地降低了供应链金融操作的风险水平。

智能合约技术在供应链金融领域降低操作风险的潜力巨大。通过自动化执行、规则与条件的一致性、透明度和自动化合规等手段，智能合约提高了供应链金融操作的效率和准确性，为参与方提供了更安全和可信赖的交易环境。然而，在实施智能合约时需要注意合约的编写准确性和安全性，并建立适当的监管和风险管理机制，以确保智能合约的有效运行和风险控制。进一步的研究和实践应关注智能合约技术的优化和应用场景，以推动供应链金融的可持续发展和创新。

（三）联盟链技术帮助供应链金融提升垂直化管理效率

在供应链金融领域，联盟链技术被广泛应用以提升垂直化管理效率。联盟链是一种基于区块链的分布式网络，其中供应链金融的各个参与方可以建立一个共享的、私密的分布式账本。通过联盟链技术，供应链金融参与方能够实现高度的数据共享、实时的信息流通和协同的决策制定，从而优化供应链金融的垂直化管理。

首先，联盟链技术提供了高度的数据共享和较高的透明度，促进了供应链金融参与方之间的合作与协调。通过在联盟链上共享交易数据、资产信息和供应链活动，供应链金融参与方能够实时了解整个供应链的状态和变化。这有助于减少信息不对称和操作风险，提高决策的准确性和效率。同时，联盟链中的数据共享也能够减少重复的数据输入和验证，提高数据管理的效率和准确性。

其次，联盟链技术通过智能合约的机制实现自动化的合同执行和支付。智能合约是基于预设条件和规则的自动执行程序，能够自动触发支付、解锁资产或执行其他操作。在供应链金融中，智能合约可以自动执行交易和合同，减少人工干预和操作错误的风险。例如，当特定的交货条件满足时，智能合约能够自动触发支付，确保及时的资金流动和供应链的顺畅进行。这提高了供应链金融的操作效率和准确性，降低了操作风险和成本。

最后，联盟链技术支持供应链金融参与方之间的实时协同和决策制定。通过联盟链上的信息流通和智能合约的自动化执行，供应链金融参与方能够实时共享交易和资产信息，进行实时的协商和决策。这有助于提高供应链金融的响应速度和决策效率，减少决策滞后和误差的风险。供应链金融参与方可以更加紧密地协作，共同应对市场变化和风险挑战，提升整体的垂直化管理效率。

联盟链技术在供应链金融中具有重要的作用，通过实现数据共享、自动化合同执行和支付、实时协同和决策制定，提升了供应链金融的垂直化管理效率。然而，联盟链的实施需要考虑参与方之间的信任建立、数据隐私保护和技术标准的制定等问题。进一步的研究和实践应关注联盟链技术的应用场景与效益评估，以推动供应链金融的可持续发展和创新。

第三节　区块链技术在供应链金融领域中的应用现状

区块链技术在供应链金融领域中的应用现状表现出了新的角色分工和不同的应用模式。传统的供应链金融中，各个参与方之间存在信息不对称的问题，导致信任缺失和风险增加。而区块链技术的应用可以解决这些问题，使得参与方能够建立可信的交易环境。这些应用模式包括银行主导模式、实体企业与区块链公司合作开发模式、实体企业自建模式和科技金融类公司自建模式。这些模式的出现使得供应链金融服务得到了更高效、透明和安全的改进，推动了供应链中各参与方的协作与合作。随着区块链技术的不断发展和创新，供应链金融领域的应用前景将更加广阔。

一、区块链技术的应用促使新的角色分工产生

在区块链技术的应用中，不同的参与方扮演着不同的角色。首先，区块链技术可以提供一个去中心化的交易平台，供应链上的各个参与方可以直接进行交易，而无须借助传统金融机构。这使得供应链上的企业可以更加便捷地获取资金，减少融资成本。

其次，区块链技术还可以提供链上的信用评价系统，通过记录参与方的交易行为和信用信息，为供应链金融提供可靠的信用背书。这样一来，供应链上的企业可以凭借良好的信用记录获取更多的融资机会，同时也能够降低融资的风险。

最后，区块链技术还可以实现供应链金融的资产数字化。通过将供应链上的资产转化为数字资产，并将其记录在区块链上，可以实现资产的快速流转和交易。这样一来，供应链上的企业可以更加灵活地使用资产，提高资金利用效率。

区块链技术在供应链金融领域的应用对于供应链参与方的协作和合作产生了积极的影响。具体如下：

（1）信息共享和透明度。区块链技术通过建立分布式、不可篡改的交易记录，实现了供应链参与方之间的信息共享，提高了透明度。各方可以在区块链上共享数据，包括供应商、物流公司和金融机构等，从而减少了信息不对称和误解的可能性。供应链参与方可以实时访问和验证交易记录，确保数据的准确性和一致性，提高了协作和合作的效率。

（2）风险管理和信任建立。区块链技术提供了更安全和可靠的交易环境，有助于供应链参与方进行风险管理和信任建立。由于交易数据被存储在区块链上，并且经过加密和验证，减少了数据篡改和欺诈的可能性。供应链参与方可以更好地评估和管理交易风险，提高信任水平，进而促进协作和合作。

（3）自动化和智能合约。区块链技术的智能合约功能使得供应链金融中的合同执行和支付过程可以自动化与程序化。智能合约可以根据预设条件和规则执行交易，无须人工干预，减少了人为错误和延迟。这种自动化的特性提高了供应链参与方之间的协作和合作效率，节省了时间和成本。

（4）资金流动和融资便利。区块链技术为供应链金融提供了更高效、安全和便利的资金流动与融资方式。通过区块链，供应链参与方可以实现实时的资金结算和清算，提高了资金的流动性和可用性。此外，区块链技术还提供了供应链融资的新模式，如基于资产的代币化融资，为供应链参与方提供了更多的融资渠道和机会。

综上所述，区块链技术在供应链金融领域的应用对于供应链参与方的协作和合作产生了积极的影响。它实现了信息共享，提高了透明度，增强了风险管理和信任建立，实现了自动化和智能合约，以及促进了资金流动和融资便利。这些影响使得供应链参与方能够更加高效地合作，增强供应链的整体运营效能和竞争力。

二、区块链技术应用于供应链金融服务的不同模式

在实际应用中，存在多种不同的区块链技术应用模式，包括银行主导模式、实体企业与区块链公司合作开发模式、实体企业自建模式和科技金融类公司自建模式。

（1）银行主导模式。在这种模式下，传统金融机构（如银行）主导着供应链金融服务的区块链应用。银行作为信任和资金中介的角色，利用区块链技术提供更高效、透明和安全的供应链金融服务。银行可以建立自己的区块链网络，与供应链参与方进行交易和信息共享，并通过智能合约实现自动化的合同执行和支付。

（2）实体企业与区块链公司合作开发模式。在这种模式下，实体企业与专门的区块链技术公司合作开发供应链金融服务的区块链应用。实体企业可以与区块链公司合作，共同设计和构建适用于自身供应链金融需求的区块链解决方案。这种模式可以充分发挥实体企业在供应链中的影响力和资源，同时借助区块链技术提高供应链金融服务的效率和可靠性。

（3）实体企业自建模式。在这种模式下，实体企业自主建设和运营供应链金融服务的区块链应用。实体企业通过搭建自己的区块链网络，与供应链参与方进行直接交互和信息共享。这种模式可以实现供应链金融服务的自主控制和定制化，提高交易的安全性和效率。

（4）科技金融类公司自建模式。在这种模式下，科技金融类公司（如互联网金融平台）自行开发和运营供应链金融服务的区块链应用。这些公司借助自身的技术实力和金融服务经验，构建供应链金融的区块链平台，提供包括供应链融资、供应链信息共享和供应链风险管理等服务。科技金融类公司自建模式可以通过创新的商业模式和技术手段，为供应链金融带来更多的便利和创新。

这些模式的出现使得供应链金融服务在高效、透明和安全方面得到了改进，推动了供应链中各参与方的协作与合作。随着区块链技术的不断发展和创新，供应链金融领域的应用前景将更加广阔。

（一）银行主导的区块链供应链金融模式

银行主导的区块链供应链金融模式通过引入区块链技术，改变了传统供应链金融的运作方式，提高了交易的效率、透明度和安全性。银行作为信任和资金中介的角色，发挥着重要的作用，推动了供应链金融的创新和发展。这种模式为供应链参与方提供了更多的金融产品和服务选择，促进了供应链参与方之间的协作和合作。譬如农业银行、浦发银行等都创新设计了区块链+供应链金融产品，具体内容如下：

表7－1　银行主导的区块链供应链金融项目

产品名称	项目主体	项目技术提供方
涉农互联网电商融资系统"e链贷"	农业银行	趣链科技
区块链企业应收款链平台	浙商银行	趣链科技
泛资管阳光链	光大银行	赢时胜
	浦发银行	
供应链金融平台爽融链	贵阳银行	布比区块链
"区块链—供应链"金融产品	华夏银行	腾讯
供应链应收账款服务（SAS）平台	平安银行	平安一账通
供应链金融平台"信e链"	中信银行	中企云链

这些银行主导的区块链供应链金融模式主要包括以下几个方面：

（1）区块链交易平台。这些银行建立了自己的区块链交易平台，将供应链参与方包括供应商、物流公司和金融机构等纳入其中。通过区块链技术，实现了供应链金融交易的信息共享、透明度和安全性的提升。这些交易平台可以提供供应链融资、订单融资、应收账款融资等金融产品和服务。

（2）智能合约和自动化支付。在银行主导的区块链供应链金融模式中，智能合约起到了重要的作用。智能合约可以根据预设条件和规则自动执行供应链金融交易，包括支付、结算、融资等。通过智能合约的自动化功能，提高了交易的效率和准确性，减少了人为干预的风险。

（3）风险管理和溯源能力。区块链技术为供应链金融提供了更好的风险管理和溯源能力。银行可以利用区块链记录的不可篡改性和透明性，对供应链参与方的交易和资金流进行实时监控与风险评估。同时，区块链技术还可以追溯产品的整个生命周期，确保供应链的可追溯性和品质。

（4）数据共享和协作平台。银行主导的区块链供应链金融模式建立了供应链参与方之间的数据共享和协作平台。通过区块链技术，供应链参与方可以实时共享和验证交易数据，减少信息不对称和纠纷的可能性。这种数据共享和协作平台促进了供应链参与方之间的紧密合作与协作。

（二）实体企业与区块链公司合作开发区块链供应链金融模式

实体企业与区块链公司合作开发区块链供应链金融模式是一种新兴的合作方式，该模式将实体企业与专注于区块链技术的公司（包括区块链初创企业和成熟的区块链企业）以及金融机构结合起来，共同推动供应链金融的创新和发展。

在这种合作模式中，实体企业通常拥有供应链上的实际经营场景和数据，而区块链公司则提供区块链技术的专业知识和解决方案。它们共同合作，将区块链技术应用于供应链金融领域，以提高供应链金融的效率、透明度和安全性。

表 7 - 2　实体企业与区块链公司合作开发区块链供应链金融项目

区块链供应链金融产品	上线时间	技术提供方	合作企业	参与机构
云象供应链金融	2020 年	云象区块链	浙商中拓	中大地产
				浙江交投集团
易融星空	2018 年 10 月	众享比特	日海智能	潍坊产业链
				胎大王
		聚量集团	凯晟物流	万达集团
				中储物流

这种合作模式的主要特点和优势：

（1）利用区块链技术的优势。区块链技术具有去中心化、不可篡改性、可追溯性等特点，它可以提供更高的数据安全性和交易透明度。通过与区块链公司合作，实体企业可以利用区块链技术解决供应链金融中的信任问题，实现更高效、安全和可靠的交易与融资。

（2）整合实体企业和金融机构。实体企业在供应链金融中扮演着重要角色，而金融机构则提供资金支持和金融服务。通过与区块链公司的合作，实体企业可以更好地连接金融机构，共同构建供应链金融生态系统。区块链技术可以提供更好的数据共享和协作平台，促进实体企业和金融机构之间的合作与互信。

（3）加速创新和发展。区块链公司通常具有较强的技术和创新能力，可以帮助实体企业在供应链金融领域实现创新和发展。通过合作开发区块链供应链金融模式，实体企业可以借助区块链技术的优势，实现供应链融资、订单融资、应收账款融资等新型金融产品和服务的创新，提高供应链的运营效率和竞争力。

这种实体企业与区块链公司合作开发区块链供应链金融模式的趋势是可见的，产业巨头的参与进一步推动了该模式的快速发展。这种合作模式可以为实体企业带来更多的创新机会和商业价值，同时也促进了区块链技术在供应链金融领域的应用和推广。

（三）实体企业自建型区块链供应链金融模式

实体企业自建型区块链供应链金融模式是一种由实体企业自主研发和建立的供应链金融体系，结合了区块链技术和供应链金融的特点与需求。采用这种模式的企业通常具备较强的技术实力和行业影响力，通过自主知识产权的区块链系统，实现了供应链金融的创新和发展。

国家电网和中企云链是两个代表性的实体企业，成功实践了自建型区块链供应链金融模式：

（1）国家电网。作为中国最大的电力公司，国家电网积极探索区块链技术在供应链金融领域的应用。它们自主研发了基于区块链的供应链金融平台，旨在提高供应链金融的效率和可信度。该平台利用区块链的特性，实现了电力贸易的可追溯性和透明度，从而降低了信任成本和风险，提高了电力供应链金融的便利性和安全性。

（2）中企云链。中企云链是国内领先的供应链金融服务提供商之一，它们基于区块链技术构建了自己的供应链金融平台。中企云链的区块链平台实现了供应链上的交易数据共享和实时监控，提高了供应链金融的效率和可靠性。它们通过自主研发的区块链系统，为企业提供订单融资、应收账款融资等金融服务，促进了供应链的流动和资金的流通。

表7-3　实体企业自建型区块链供应链金融项目

区块链供应链 金融产品	上线时间	技术提供方	合作企业	参与机构
云信	2015年	中企云链	中国中车	工商银行
			中国铁建	农业银行
			国机集团	中国银行
			中国航天	中信银行
电e贷、电e票	2019年	国网区块链科技	国家电网	国网系统 产业链公司

　　这些实体企业通过自建型区块链供应链金融模式，充分发挥了自身的技术和行业优势，提高了供应链金融的效率和安全性。它们通过自主知识产权的区块链系统，实现了供应链上的数据共享、交易验证和风险管理，为企业和金融机构提供了更好的金融服务与合作机会。

　　实体企业自建型区块链供应链金融模式的成功案例表明，企业可以通过自主研发和应用区块链技术，满足自身对供应链金融的需求，提高供应链的效率和竞争力。这种模式不仅带来了经济效益，还为企业建立了核心竞争力和技术壁垒，推动了区块链在供应链金融领域的广泛应用。

（四）科技金融类公司自建型区块链供应链金融模式

　　除了实体企业自建型区块链供应链金融模式，还出现了一些科技金融类公司自建型区块链供应链金融模式。这些公司通常具备技术和金融方面的专长，通过自主研发和建立区块链系统，提供供应链金融服务。以下是两个具有代表性的例子：

　　（1）平安壹账链。平安壹账链是中国平安集团旗下的金融科技公司，它们基于区块链技术构建了供应链金融平台。平安壹账链通过区块链的去中心化和不可篡改性，提供了供应链金融的信任机制和风险管理能力。它们的区块链供应链金融平台实现了供应链上的交易数据共享和透明，为供应链参与方提供了高效、安全的金融服务。

　　（2）蚂蚁区块链。蚂蚁区块链是中国蚂蚁金服旗下的区块链技术公司，它们与阿里巴巴集团合作开发了区块链供应链金融平台。蚂蚁区块链利用区块链技术的优势，为供应链上的中小企业提供多样化的金融服务，包括订单融资、应收账款融资等。通过区块链的数据共享和实时监控，蚂蚁区块链提高了供应链金融的效率和可靠性。

表7-4　科技金融类公司自建型区块链供应链金融项目

区块链供应链金融产品	上线时间	技术提供方	合作企业	参与机构
壹企链智能供应链金融	2018年10月	平安壹账链	平安集团	中小银行互联网金融联盟
				正大集团
双链通	2019年1月	蚂蚁区块链	阿里系	中科大旗
				哈啰出行
				成都银行
				网商银行

科技金融类公司自建型区块链供应链金融模式的特点是，它们结合了自身的技术实力和金融专长，通过自主研发的区块链系统，为供应链参与方提供了创新的金融服务。它们的区块链平台实现了交易数据的实时共享、实现了风险的可控和金融的便利，推动了供应链金融领域的发展。

科技金融类公司通过自建型区块链供应链金融模式，可以满足供应链参与方的金融需求，提高供应链的效率和透明度。它们的专业技术和金融能力使得其能够在供应链金融领域发挥重要作用，并推动区块链技术在金融行业的广泛应用。

第四节　区块链供应链金融信用体系

区块链供应链金融信用体系是一个具有创新性和前瞻性的研究领域，它将区块链技术应用于供应链金融领域，以构建可靠的信任机制和完善的信用体系。

区块链技术为供应链金融信任机制的建立提供了新的途径。传统供应链金融面临着信息不对称和可信度不高的问题，而区块链通过去中心化、分布式账本和智能合约等技术手段，为供应链参与方提供了可靠的信任机制。区块链的去中心化特点使得参与方可以共享和验证数据，确保数据的透明性和不可篡改性。智能合约则可以自动执行合约条款，减少了信任成本和交易风险。通过建立基于区块链的信任机制，供应链金融参与方可以更加安全和便捷地进行交易与合作。

区块链供应链金融信用体系是建立在区块链技术基础上的信用评估和管理系统。传统的信用体系在供应链金融中面临着信息不对称和信用评估困难的问题，而区块链的去中心化和可追溯性特点为信用体系的建立提供了解决方案。区块链记录了供应链上的交易和参与方的行为，形成了可信的数据源。基于这些数据，可以利用智能合约和算法来评估参与方的信用等级和风险水平。这样的信用体系可以提高供应链金融的信用度和可靠性，促进资金的流动和供应链的协作。

区块链供应链金融信用体系的应用研究正在不断进行。研究者致力于探索如何更好地应用区块链技术来构建供应链金融信用体系。他们研究如何设计智能合约和算法来评估供应链参与方的信用等级，如何建立跨组织的信用共享机制，以及如何利用区块链提高供应链金融的效率和安全性。同时，他们也关注区块链的可扩展性、隐私保护和法律合规等方面的问题，以确保区块链供应链金融信用体系能够在实际应用中发挥其优势。

区块链供应链金融信用体系是一个具有重要意义和广阔前景的研究领域。通过建立可靠的信任机制和完善的信用体系，区块链为供应链金融提供了创新的解决方案。未来的研究应继续深入探索如何应用区块链技术来提高供应链金融的效率、安全性和可信度，以推动供应链金融领域的发展和创新。

一、区块链供应链金融信任机制

（一）信息存储机制

区块链技术为供应链金融信任机制提供了一种分布式和去中心化的信息存储机制。在传统供应链金融中，交易数据分散在不同的系统和参与方之间，导致信息不透明和难以追溯。而区块链通过在每个节点上存储交易数据，并使用密码学哈希函数将数据链接在一起，形成一个不可篡改的分布式账本。这种信息存储机制使得供应链金融参与方可以共享和验证交易数据，确保数据的一致性和可信度。

区块链的信息存储机制还具有高度的透明性和可追溯性。每一笔交易都被记录在区块链上，并且在整个网络中的节点上都可以查看和验证。这使得供应链金融参与方可以实时监测和追溯交易的流程与状态，减少了信息不对称和欺诈的风险。同时，区块链的去中心化特点也增加了数据的安全性，因为数据存储在多个节点上，没有单点故障的风险。

由于区块链的信息存储机制可以实现可靠、透明和安全的数据存储与共享，因此在供应链金融中具有广泛的应用前景。供应链参与方可以通过区块链技术实现实时的数据共享和验证，提高交易的可信度和效率。同时，由于区块链的信息存储机制具有不可篡改的特点，可以提供更可靠的交易历史记录和审计跟踪，有助于降低风险和促进合规性。

区块链供应链金融信任机制中的信息存储机制通过分布式和不可篡改的区块链技术，为供应链金融交易和数据提供了可靠的存储与管理方式。这种机制具有高度的透明性、可追溯性和安全性，有助于解决传统供应链金融中的信息不对称和信任问题，推动供应链金融领域的创新和发展。

（二）信用共享机制

区块链供应链金融信任机制中的信用共享机制是指通过区块链技术实现供应链参与方之间的信用信息共享和交互的机制。在传统供应链金融中，供应链参与方的信用评估和风险管理往往基于个体机构的内部数据，缺乏对整个供应链的全面了解。因此，信用评估的准确性和信任度存在一定的局限性。区块链技术为供应链金融引入了一种新的信用共享机制。

通过区块链的分布式账本和智能合约功能，供应链参与方可以将其信用信息记录在区块链上，并与其他参与方共享。这些信用信息包括参与方的交易历史、履约能力、支付记录等。通过共享信用信息，供应链金融参与方可以更全面地了解供应链中每个参与方的信用状况，减少信息不对称和风险。

区块链的信用共享机制还可以通过智能合约和算法对信用信息进行分析和评估。智能合约可以根据预先设定的规则和条件自动执行信用评估与管理的操作。这些规则和条件可以基于供应链金融的需求和参与方的约定，例如根据交易历史、履约能力等指标进行信用评分和等级划分。通过智能合约的自动执行，可以提高信用评估的效率和准确性。

信用共享机制的实施可以带来多重好处。首先，它可以提高供应链金融参与方的信用度和可靠性，降低交易风险。其次，它可以促进供应链金融市场的发展和创新，吸引更多的参与方加入。同时，信用共享机制也为供应链金融的监管和合规提供了更强的可追溯性与透明度。

区块链供应链金融信任机制中的信用共享机制通过区块链技术实现供应链参与方之间的信用信息共享和交互。这种机制可以提高信用评估的准确性和信任度，推动供应链金融的发展和创新。

（三）信用管理机制

区块链供应链金融信任机制中的信用管理机制是指利用区块链技术实现对供应链参与方信用等级和风险水平进行管理和评估的机制。传统供应链金融中，信用评估和管理通常需要依赖第三方机构和人工审核，效率低下且容易受到人为因素的干扰。区块链技术为供应链金融引入了一种基于智能合约和算法的信用管理机制。

通过智能合约，供应链参与方可以在区块链上设定和执行信用管理规则。这些规则包括信用评估的指标、评分标准、信用等级划分等。供应链参与方可以根据自身的需求和约定，在智能合约中定义这些规则，并根据交易数据和信用信息自动执行信用评估与管理的操作。

智能合约的执行可以基于预先设定的算法和规则，对供应链参与方的信用等级和风险水平进行实时更新与管理。例如，当参与方完成一笔交易时，智能合约可以根据约定的规则自动更新其信用评分，并相应地调整其信用等级。这种自动化的信用管理机制可以提高管理效率、减少人为干预，并确保信用评估的客观性和一致性。

区块链的信用管理机制还可以提供更全面和可靠的信用数据与历史记录。由于交易数据和信用信息被记录在区块链上且不可篡改，供应链金融参与方可以方便地查看和审计交易历史与信用记录。这为监管部门和金融机构提供了一个更可追溯与透明的信用管理框架。

通过区块链的信用管理机制，供应链参与方可以更好地管理和评估供应链金融交易的信用风险，提高交易的可靠性和安全性。同时，这种机制也促进了供应链金融市场的发展和创新，为参与方提供了更高效和可靠的信用管理方式。

区块链供应链金融信任机制中的信用管理机制通过智能合约和算法实现对供应链参与方信用等级和风险水平的管理与评估。这种机制提高了信用管理的效率和准确性，同时增加了信用数据的可信度和可追溯性，推动了供应链金融领域的发展和创新。

二、基于区块链供应链金融的信用体系构建

（一）基于区块链的信息存储机制

基于区块链的供应链金融信用体系通过以下方式建立信息存储机制：

（1）分布式存储。相关信用的数据和交易记录分布存储在区块链网络中的多个节点上，而不是集中存储在单一的中心化数据库中。这种分布式存储机制使得数据更加安全，不易被篡改和操控。

（2）交易记录。所有供应链金融交易都以交易记录的形式被记录在区块链上。每个交易记录包含相关参与方的身份信息、交易细节和时间戳等。这样的记录可以提供完整的交易历史，且具有可追溯性，减少信息不对称的问题，提高信用评估的准确性。

（3）智能合约。基于区块链的供应链金融信用体系利用智能合约来规定和执行各参与方之间的交易规则与合约条款。智能合约是一种自动化的、可编程的合约，通过预设的逻辑条件和算法来确保交易的可靠性与自动执行。这种机制可以减少人为因素的干预和信任问题，提高交易的安全性和效率。

（二）基于区块链的信用共享机制

基于区块链的供应链金融信用体系通过以下方式建立信用共享机制：

（1）共享信用数据。区块链网络中的参与方可以共享各自的信用数据和交易记录，形成一个共享的信用数据库。这些数据包括企业的信用评级、交易历史、供应链关系等。通过共享信用数据，参与方可以更全面地评估供应链上各个环节的信用状况，减少信息不对称和风险。

（2）匿名性和隐私保护。尽管信用数据在区块链上共享，但参与方的身份可以保持匿名或部分匿名。区块链技术可以对敏感信息进行加密处理，只有获得权限的参与方才能查看具体的身份和信息。这样的设计既保护了参与方的隐私，也鼓励了更多的参与方共享信用数据。

（三）基于区块链的信用管理机制

基于区块链的供应链金融信用体系通过以下方式建立信用管理机制：

（1）信用评估和评级。基于区块链的供应链金融信用体系可以根据参与方的交易记录和信用数据进行信用评估与评级。参与方的信用评级可以作为决策依据，例如确定授信额度、利率和还款条件等。这种机制提高了供应链金融的透明度和公平性。

（2）信用激励和惩罚机制。基于区块链的信用体系可以引入激励措施和惩罚机制来鼓励参与方的诚信行为。例如，参与方可以通过履约和及时还款等行为获得信用激励——提高其信用评级和获得更好的融资条件。而对于违约或不诚信行为，可以通过智能合约自动执行相应的惩罚措施。

（3）信用历史记录和可溯源性。区块链技术使得供应链金融交易的信用历史记录具有可溯源性。每一笔交易记录都被永久地存储在区块链上，形成一个不可篡改的交易历史。这使得参与方可以追溯和验证每一笔交易的真实性与完整性，增强了信用管理的可信度。

基于区块链的供应链金融信用体系通过信息存储机制、信用共享机制和信用管理机制，实现了去中心化、透明、安全和可信的信用体系构建。这种信用体系可以提高供应链金融的效率和风险管理能力，促进供应链各参与方之间的合作和信任。

三、区块链供应链金融的信用体系应用研究

基于区块链的跨境供应链保理融资体系可以包括以下要素：

（1）跨境供应链信息共享。建立一个跨境供应链信息共享平台，参与方包括供应商、买方、物流公司、金融机构等。基于区块链技术，各参与方可以共享供应链中的订单、发货和收款等信息，并将其记录在区块链上。这样可以提高信息透明度和可追溯性，减少信息不对称的风险。

（2）跨境保理融资合同。通过智能合约，在区块链上定义和执行跨境保理融资合同。合同中可以包括双方的融资条件、利率、还款方式等信息，并设定相应的自动化执行规则。智能合约可以确保合同条款的执行，并实现自动化的融资和还款流程。

（3）信用评估和授信。基于区块链的跨境供应链保理融资体系可以利用

参与方在区块链上的交易记录和信用数据进行信用评估。参与方的信用评级可以作为授信的依据，金融机构可以根据评级决定授信额度和融资条件。这样可以提高授信的准确性和公平性。

（4）跨境资金流动和结算。利用区块链技术使跨境资金流动和结算更加安全与高效。借助区块链的分布式账本和智能合约，可以实现实时的资金清算与结算，减少中间环节和时间成本。同时，通过智能合约确保交易的安全性和可靠性，减少欺诈和风险。

（5）跨境保理交易的监管和合规。基于区块链的跨境供应链保理融资体系可以提供更好的监管和合规性。交易记录和合同信息都被记录在区块链上，监管机构可以实时访问和审查这些信息，确保交易的合规性和合法性。同时，区块链的透明性和不可篡改性也能防止数据的篡改和操控。

通过以上设计，基于区块链的跨境供应链保理融资体系可以提供更高效、透明和安全的融资服务。借助区块链技术，可以降低跨境供应链金融中的信用风险和操作风险，促进供应链各参与方之间的信任和合作。以下是基于区块链联盟链技术的跨境保理融资体系的具体业务流程：

（1）注册和身份验证。参与方包括供应商、买方、物流公司和金融机构等，在平台上完成注册并进行身份验证。每个参与方的身份信息将被验证并记录在区块链上，确保参与方的真实性和信任度。

（2）供应链信息共享。供应链中的订单、发货和收款等信息将通过区块链进行共享。每个参与方可以在区块链上查看和验证供应链中的交易记录，确保信息的准确性和透明度。

（3）信用评估和授信。金融机构基于参与方在区块链上的交易记录和信用数据，进行信用评估并确定授信额度。金融机构可以根据评估结果和授信政策制定融资条件并向供应商提供融资服务。

（4）跨境保理融资合同。在区块链上使用智能合约定义和执行跨境保理融资合同。合同中包括融资条件、利率、还款方式等信息，并设定自动化执行规则。智能合约确保合同条款的执行，并自动处理融资和还款流程。

（5）资金流动和结算。利用区块链的分布式账本和智能合约，实现跨境资金的实时流动与结算。借助区块链技术，资金可以安全、高效地进行清算和结算，减少中间环节和时间成本。

（6）监管和合规。交易记录和合同信息被记录在区块链上，监管机构可以实时访问和审查这些信息，确保交易的合规性和合法性。区块链的透明性和不可篡改性可以防止数据被篡改与操控。

通过基于区块链的跨境供应链保理融资体系，供应链金融可以提供全时段的服务，提高效率和减少风险。参与方可以更加便捷地获得融资，并在跨境供应链中实现更高的信任和合作。

第五节　区块链在供应链金融应用中存在的问题及对策

尽管区块链在供应链金融应用中具有广阔的前景，但仍面临一些挑战和问题。需要各参与主体的积极准备和合作，同时解决技术瓶颈、完善法律法规和监管体系，以及建立可信的公信体系和行业合作机制，才能更好地推动区块链在供应链金融领域的应用。

一、推广区块链供应链金融应用新技术时面临的挑战

（一）参与方准备不足

在推广区块链供应链金融应用新技术时，面临着各参与方准备不充分的挑战，主要体现在：

第一，供应链金融的参与方包括供应商、采购商、金融机构等，每个参与方都需要具备相应的技术和能力。然而，目前许多参与方对区块链技术的了解和应用准备程度有限，缺乏相关的技术基础和实践经验。这使得推广区块链供应链金融应用新技术时，需要花费更多的时间和资源来培训与普及相关知识。

第二，供应链金融的参与方还需要具备相应的信息化基础设施和数据管理能力。区块链技术对数据的存储和管理提出了更高的要求，需要参与方具备良好的信息系统和数据处理能力。然而，目前在一些供应链参与方中，尤其是中小微企业等，信息化基础设施和数据管理能力相对较弱，导致推广区块链技术时面临着信息孤岛和数据不一致等问题。因此，为了克服这一挑战，需要各参与方加强信息化建设，提升数据管理能力，从而更好地适应区块链技术的应用需求。

第三，供应链金融各参与方之间还需要建立起相互信任的合作关系。区块链技术的应用需要各参与方之间共享数据和建立数据链路，而建立起这种信任和合作关系需要时间和努力。目前，供应链金融中存在信息不对称、合

作风险和信任缺失等问题，这使得各参与方在推广区块链技术时存在互相犹豫和观望的态度。为了解决这一挑战，需要通过政府、行业协会等多方合作，建立起信任机制和合作框架，促进参与方之间的有效合作和信息共享。

第四，目前供应链金融的参与方对于法律和监管的风险存在一定程度的担忧。由于区块链技术具有去中心化和匿名性等特点，可能涉及数据隐私、合规性和反洗钱等法律法规的约束。然而，目前相关法律和监管框架尚不完善，缺乏明确的指导和规范。因此，为了推广区块链供应链金融应用新技术，需要政府和监管机构加强监管规范的制定与执行，以保护参与方的权益和数据安全。

第五，对于一些规模较小的供应链企业或金融机构来说，推广区块链技术可能需要面临较高的初始投资和运营成本。尽管区块链技术在提高透明度、降低交易成本和加快交易速度等方面具有显著优势，但引入新技术也需要投入一定的成本和资源。因此，在推广区块链供应链金融应用新技术时，需要全面评估成本与效益，确保能够实现长期可持续的发展。

综上所述，推广区块链供应链金融应用新技术时，各参与方准备不充分是一个重要的挑战。解决这个问题需要加强技术培训和普及、建立信息化基础设施和提升数据管理能力、建立信任机制和合作框架，以及完善法律和监管规范。同时，也需要平衡成本与效益，确保推广区块链供应链金融应用新技术能够实现长期可持续的发展。通过共同努力，可以克服这些挑战，推动区块链供应链金融应用新技术的广泛应用和发展。

（二）技术面存在瓶颈

虽然区块链和供应链金融的结合具有潜力与创新性，但目前仍存在一些缺陷和挑战。以下是一些常见的缺陷：

（1）技术挑战。区块链技术在扩展性、性能和隐私保护方面仍存在挑战。例如，公共区块链的性能可能受限，无法满足大规模供应链金融交易的需求。此外，确保数据隐私和安全性也是一个重要的技术挑战。

（2）标准化和互操作性。供应链金融涉及多个参与方和系统，但目前缺乏统一的标准和互操作性。这可能导致不同系统之间的数据有兼容性问题，限制了区块链在供应链金融中的广泛应用。

（3）公信体系建设。供应链金融依赖于公信体系，即各参与方之间的信任和合作。然而，目前的区块链技术尚未完全解决信任建立和纠纷解决的问题，需要进一步加强公信体系的建设和完善。

（4）教育和意识。由于区块链技术相对较新，参与方对其了解和准备不充分。教育和意识提升的工作仍然需要加强，以便参与主体能够更好地理解和应用区块链技术。

尽管存在这些缺陷，但随着技术的不断发展和各方的合作努力，可以逐步解决这些问题。政府、企业和学术界的合作，以及技术创新和标准化的推动，将有助于实现区块链和供应链金融的有效结合。

（三）缺乏配套的法律法规和监管主体

区块链和供应链金融领域的发展需要相应的法律法规与监管主体来支持及规范。目前，这方面的配套工作仍然相对滞后，存在以下问题：

（1）缺乏统一的法律法规。由于区块链和供应链金融涉及多个参与方与跨境交易，需要建立统一的法律法规框架来规范各方的行为。这包括数据隐私保护、电子签名等方面的规定，以保障交易的合法性和权益。

（2）缺乏跨境合规的机制。区块链和供应链金融通常涉及跨境交易，但目前缺乏跨境合规的机制和规定。不同国家和地区对于数字资产、数据隐私等的法律要求存在差异，这给跨境供应链金融带来了挑战，需要建立跨境合作的法律框架。

（3）监管主体不完善。区块链和供应链金融领域的监管主体尚未完全建立和成熟。监管机构需要与技术发展同步，了解和把握区块链技术的特点和应用场景，以制定相应的监管政策和措施，保障市场的健康发展。

（4）安全和风险管理。区块链技术的应用可能涉及安全和风险管理的问题，例如数据泄露、智能合约的漏洞等。需要建立相应的法律法规和监管机制，保障参与主体的数据安全和风险可控。

为了解决这些问题，需要政府、监管机构和行业组织的共同努力，制定适应区块链和供应链金融发展的法律法规与监管政策。同时，还需要加强国际合作，推动跨境合作和标准国际化，以促进全球范围内的合规性和监管协调。只有建立健全的法律法规和监管体系，才能为区块链和供应链金融的发展提供稳定与可持续的环境。

二、区块链供应链金融新模式实践中遇到的问题

（一）持续落地诞生新的技术问题

区块链技术和供应链金融体系的协调发展过程中出现了诸多问题，具体表现为：

第一，以区块链技术为基础的电子票据，应有完善全面的分布式票据系统准则，但是过去的数据加密、数据存储、数字签证等都是以中心化系统为载体，与现在的区块链供应链金融体系中的分布式数字票据无法兼容，使得交易活动出现冲突的概率非常高，对政府打造标准完善的票据结构产生了极大的不利影响。

第二，区块链技术有着明显的独立性和闭环性，这导致跨链交易活动难以实施。融资企业向多个金融单位提出贷款申请时，需要加入多个区块链金融体系才能达成目的；金融单位也需要加入多个供应链金融体系，为多个企业进行授信服务，这在一定程度上弱化了规模经济的效用。

第三，智能合约的"智能化"还有很大的提升空间。如今我国实施的公司财税法律制度比较详细、内容比较完善，但是智能合约仅能阐述一些比较简单的交易规则，智能合约目前还处于摸索发展阶段。与此同时，智能合约的安全维护水平比较低下，例如 DAO 安全漏洞、Parity 多签名钱包安全漏洞给相关主体造成了极大的经济损失，还需要研究人员加大研究力度。如今不存在稳定可靠的方法手段来评价智能合约的安全水平。

第四，区块链技术在一定程度上提高了供应链金融体系票据、通证、交易信息的真实性和完整性，但是区块链技术无法覆盖实物资产的证券化操作活动。换句话说，现实场景中物质财富的真实性、合法性、有效性都不在区块链技术涉及的范围之内，需要通过物联网、大数据等先进技术才能审查核实。所以区块链技术不能处理所有的问题，仅仅是信息化综合解决方案的一个分支。

（二）公信体系有待建设和完善

公信体系是区块链供应链金融应用中的关键要素之一，它通过建立信任机制和合作框架，促进参与主体之间的有效合作和信息共享。然而，在实践

中，公信体系还存在一些问题，需要进一步建设和完善。

首先，公信体系的建设需要解决数据可信性和一致性的问题。区块链技术是一种去中心化的分布式账本技术，通过共识机制和加密算法保证数据的安全性与不可篡改性。然而，在实际应用中，由于数据的源头可能是不同的参与主体，而且数据的录入和验证环节也可能存在人为或技术因素的干扰，导致数据的可信性和一致性受到挑战。因此，公信体系的建设需要通过技术手段和监管机制，确保数据的真实性和准确性，以提高整个供应链金融系统的可信度。

其次，公信体系的建设需要解决参与主体之间的信任缺失和信息不对称的问题。在供应链金融中，参与主体之间的信任关系是推动合作和共享的基础。然而，由于信息不对称、合作风险和缺乏信任机制等因素，参与主体之间存在信任缺失的情况。为了解决这一问题，公信体系需要建立起信任机制和合作框架，通过共享信息和建立信用评估体系，促进参与主体之间的信任建立和合作发展。

再次，公信体系的建设需要考虑法律和监管的问题。由于区块链技术具有去中心化和匿名性等特点，可能涉及数据隐私、合规性和反洗钱等法律法规的约束。然而，目前相关法律和监管框架尚不完善，缺乏明确的指导和规范，导致公信体系在法律和监管方面存在一定的不确定性。为了解决这一问题，公信体系的建设需要政府和监管机构加强监管规范的制定和执行，确保区块链供应链金融应用的合规性和法律风险的可控性。

最后，公信体系的建设还需要充分考虑参与主体的利益和权益保护。在推广区块链供应链金融应用新模式时，需要确保公信体系的建设不仅能够提高系统的效率和安全性，还能够兼顾参与主体的利益和权益保护。特别是对于一些规模较小的供应链企业或金融机构来说，参与公信体系的建设可能需要面临较高的成本和风险。因此，公信体系的建设需要在制度设计和政策支持上给予适当的关注，确保参与主体能够享受到公信体系带来的实际效益和保护。

综上所述，公信体系的建设是区块链供应链金融应用新模式实践中面临的一个重要问题。为了解决这一问题，需要从数据可信性和一致性、参与主体信任缺失和信息不对称、法律和监管规范以及参与主体利益保护等方面进行建设和完善。这需要各参与主体加强合作，建立信任机制和合作框架，通过共享信息和建立信用评估体系来促进信任建立与合作发展。同时，政府和监管机构需要加强监管规范的制定和执行，确保公信体系的合规性和法律风险的可控性。此外，还需要在制度设计和政策支持上给予适当的关注，保障参与主体的权益和利益。通过共同努力，可以建设健全的公信体系，推动区块链供应链金融应用新模式的广泛应用和发展。

（三）行业全局统筹缺失

在区块链供应链金融新模式的实践中，一个关键问题是行业全局统筹缺失。虽然区块链技术在供应链金融领域的应用已取得了一定的成果，但由于缺乏行业全局统筹，导致一些问题和挑战尚未得到有效解决。

首先，缺乏统一的标准和规范是行业全局统筹缺失的一个方面。由于区块链技术的发展尚处于初级阶段，各个行业和企业在应用上往往采取不同的技术方案与操作模式，缺乏统一的标准和规范。这使得不同企业之间的数据共享和协作相对困难，限制了供应链金融新模式的全面推广和应用效果的发挥。因此，需要在行业层面进行全局统筹，制定一致的技术标准和操作规范，以促进各参与主体之间的协作和信息共享。

其次，行业全局统筹缺失还体现在监管机制和政策支持方面。目前，尽管一些国家和地区对区块链技术的应用给予了一定的支持与鼓励，但在供应链金融领域缺乏统一的监管机制和政策支持。这导致在实践中，各企业和机构在使用区块链技术实施供应链金融新模式时面临着法律风险和政策不确定性。为了解决这一问题，需要行业组织、政府和监管机构共同参与，制定相关的监管规范和政策支持措施，为供应链金融新模式的发展提供有力的保障。

最后，行业全局统筹缺失还体现在合作生态建设和资源整合方面。在区块链供应链金融新模式中，合作生态的建设和参与主体之间的资源整合是关键要素。然而，由于缺乏行业全局统筹，各个参与主体往往难以形成紧密的合作关系，合作生态的建设进展缓慢。同时，由于参与主体之间的资源分散和信息孤岛的存在，导致资源整合效果不佳，限制了供应链金融新模式的发展和应用范围的拓展。为了解决这一问题，需要行业组织和平台等中间组织的引导和推动，促进参与主体之间的合作和资源整合，构建良好的合作生态。

综上所述，行业全局统筹缺失是区块链供应链金融新模式实践中的一个重要问题。为了解决这一问题，需要在技术标准和操作规范、监管机制和政策支持、合作生态建设和资源整合等方面进行全局性的探索和努力：

首先，行业组织和企业可以积极参与行业联盟和标准化组织，推动制定统一的技术标准和操作规范。通过共同制定和遵守统一的标准，可以提高各参与主体之间的协作效率和数据共享能力，推动供应链金融新模式的全面应用。

其次，政府和监管机构应加强对区块链供应链金融新模式的监管规范制定和执行。应建立健全监管体系，制定明确的监管政策和法规，为区块链供应链金融提供法律和政策保障。同时，政府还可以通过加大对该领域的投入和支持，推动技术研发和应用推广，为供应链金融新模式的发展创造良好的环境。

再次，行业组织和平台可以发挥中介作用，促进参与主体之间的合作和资源整合。通过建立行业合作平台，提供信息共享、协作交流的渠道，推动参与主体之间的合作关系形成和资源整合。此外，还可以引入激励机制，鼓励参与主体积极参与合作生态的建设，增强合作的动力和效果。

最后，行业全局统筹需要参与主体共同努力，加强沟通和合作。各参与主体应加强交流与协作，共同面对和解决行业全局统筹的问题。可以通过举办行业峰会、研讨会等活动，促进参与主体之间的交流和合作，共同推动行业全局的统筹。

总之，行业全局统筹是区块链供应链金融新模式实践中的一个重要问题。通过制定统一的标准和规范、建立健全的监管体系、推动合作生态的建设、参与主体之间加强合作与交流，可以解决行业全局统筹缺失问题，推动区块链供应链金融新模式的发展和应用范围的拓展。

第六节　区块链技术在供应链金融中应用的建议

促进区块链技术在供应链金融中的应用，需要技术创新提升安全性，制度设计遵守监管标准，生态合作共享价值，风险管控确保安全，形成社会正面认知，以推动区块链技术在供应链金融领域的健康发展。

一、技术创新增强平台安全和稳定性

要促进区块链技术在供应链金融中的应用，首要的任务是加强技术创新以增强平台的安全和稳定性。技术创新是推动区块链技术持续发展的重要动

力，尤其是在供应链金融领域，其安全和稳定的平台是应用的前提与保障。

首先，为了确保区块链平台的安全性，应加强加密技术的研究和应用。加密技术是区块链安全的核心，通过使用更高级别的加密算法，可以保护交易数据不被篡改和泄露，确保供应链金融交易的安全性和可靠性。此外，应加强对非对称加密和零知识证明等先进加密技术的研究与应用，提高区块链平台对恶意攻击的防御能力。

其次，为了增强区块链平台的稳定性，应采取多种措施保证平台的持续可用和高性能。可以通过优化区块链网络的架构和协议，提高系统的并发处理能力和数据同步效率，确保供应链金融交易的顺畅进行。同时，应研究和应用更高效的共识算法，缩短系统的延迟时间和提高交易的确认速度，为供应链金融提供更加高效和稳定的服务。

最后，应不断探索和实践新的技术与方法，推动区块链技术在供应链金融中的深入应用和持续发展。例如，可以研究和应用隐私保护技术与数据分析技术，保护用户的隐私和利用大数据为供应链金融提供更多的价值。通过加强技术创新，不断提高平台的安全和稳定性，可以更好地促进区块链技术在供应链金融中的应用和发展。

二、把握监管标准实现规范化运行

为推进区块链技术在供应链金融中的应用，不仅需要关注技术的创新和完善，还需充分把握和遵循相关的监管标准，并规范模式运行方式。这一环节至关重要，因为监管标准是保障区块链技术健康、稳定、合规发展的基础。

首先，企业和开发者应关注并熟悉国际和国内有关区块链的法律法规、政策与标准。这些法律法规旨在保护投资者的权益，防范金融风险，并促进区块链技术的健康发展。通过了解和遵守这些法律法规，企业和开发者可以规避法律风险，稳妥推进区块链技术在供应链金融中的应用。

其次，根据监管要求，企业和开发者应建立完善的内部管理体系与风险防控机制。这包括但不限于设立专门的合规部门和岗位，定期进行合规培训和检查，及时发现和纠正违规行为，以及按照监管要求准确、完整、及时地报送相关报告和资料。通过建立这些机制，企业和开发者可以及时发现与防范风险，确保区块链技术在供应链金融中的应用合规、稳健、可持续。

最后，需要强化与监管机构的沟通和协作。企业和开发者应主动接触和响应监管机构的要求与指导，及时获取监管的动态和信息，并在必要时主动报告和解释相关情况与问题。通过与监管机构的密切沟通和协作，企业和开发者不仅可以更好地理解和遵循监管要求，还可以为监管机构提供技术和市场的信息与建议，共同推进区块链技术在供应链金融中的健康、稳定、合规发展。

三、密切平台各主体之间的合作发展

为了确保区块链技术在供应链金融中的成功应用，各相关主体——包括政府机构、监管部门、开发者、企业和最终用户需加强合作与协同作战，共同推动该技术的发展和实施。

首先，政府和监管部门扮演着为区块链技术创造与维持一个有利发展的法律及政策环境的角色。它们不仅需制定明确、透明和公平的法律法规与政策，还需积极推广区块链技术的应用和发展，为其提供必要的指导和支持，并及时解决法律和政策的问题和障碍。

其次，开发者和企业作为区块链技术的直接实施者与运营者，需加强技术研发和创新，持续改进和完善区块链平台的性能与服务，并确保其满足供应链金融的特定需求和要求。此外，它们还需加强与政府和监管部门的沟通和合作，积极参与相关法律法规和政策的制定与实施，并及时反馈和提出建议以改进相关问题与障碍。

再次，最终用户作为区块链技术的终端受益者，也需积极参与和支持该技术的应用和发展。他们可以通过使用和推广区块链平台与服务，提供宝贵的使用经验和市场反馈，以及参与相关社区和组织的活动与讨论，为区块链技术在供应链金融中的应用和发展提供强有力的市场与社会支持。

最后，通过加强各主体之间的合作和协同作战，可以更好地集中和协调各方的资源与力量，共同克服出现的困难和挑战，推动区块链技术在供应链金融中的成功应用和持续发展。这样的协同作战不仅可以确保各主体的利益和需求得到满足与平衡，还可以创造有利于区块链技术应用和发展的外部环境与条件。

四、加强风险识别并提高风险应对技能

在推动区块链技术在供应链金融中的应用过程中，深刻理解和及时识别可能的风险，同时提高风险应对和管理能力是至关重要的。这不仅有助于保护各参与主体的权益，也有助于促进区块链技术的健康和可持续发展。

首先，加强风险识别意味着需要有一个系统性的方法来检测和评估区块链技术在供应链金融中可能出现的技术、法律和市场风险。技术风险包括软件缺陷、安全漏洞和网络故障等，这些风险可能影响区块链平台的稳定性和可靠性。法律风险包括合规问题、知识产权纠纷和合同违约等，这些风险可能影响区块链平台的合法性和有效性。市场风险包括市场需求变化、竞争对手行为和经济环境波动等，这些风险可能影响区块链平台的市场前景和盈利能力。

其次，提高风险应对技能需建立和完善风险管理体系，采取适当的预防和控制措施来降低与应对已识别的风险。例如，可以通过持续的技术研发和更新来降低技术风险，通过严格的合规审核和管理来降低法律风险，以及通过市场调研和分析来降低市场风险。此外，也需制定和实施风险应对与管理的标准及流程，以保证风险管理的系统性和有效性。

最后，区块链技术和供应链金融相关行业协会、研究机构与监管部门的合作及沟通，可以促进风险管理最佳实践和经验获取与共享，从而提高风险识别和应对的能力与水平。此外，定期的培训和教育也是提高参与者风险意识与管理技能的有效方法。

总之，通过加强风险识别和提高风险应对技能，可以为区块链技术在供应链金融中的成功应用和发展创造一个更加安全与稳定的环境。

五、正确认知供应链金融新模式

供应链金融新模式借助区块链技术得以实现，能提供更高的透明度、安全性和效率。为此，所有相关参与方，包括政府机构、金融机构、企业和终端用户，都需要对此新模式有正确的认知和理解，以便更好地推动和应用区块链技术。

首先，我们需要深入了解区块链技术和供应链金融的内在联系与相互作用。区块链技术基于分布式账本、不可篡改性和智能合约等技术，能够为供

应链金融提供一个更加可信、透明和高效的平台与环境。了解这些特点和优势，有助于各方更加准确和深刻地理解与评估区块链技术在供应链金融中的应用及价值。

其次，针对区块链技术在供应链金融中的实际应用和案例，各方需要进行详细的分析和研究。通过学习和总结实际应用与案例的成功经验及教训，各方可以更好地了解和把握区块链技术在供应链金融中的实际效果与影响，以及可能遇到的问题和挑战。

最后，需要通过各种渠道和方式宣传与推广区块链技术在供应链金融中的应用及价值。这包括但不限于举办相关的研讨会和论坛、发布相关的报告和文章，以及开展相关的培训和教育活动。通过这些活动，可以增强各方对区块链技术在供应链金融中的正确认知和理解，从而更好地推动和支持其应用与发展。

总之，形成对供应链金融新模式的正确认知是推动区块链技术在供应链金融中成功应用和发展的基础与前提。只有当各方都对这一新模式有了正确的认知和理解，才能共同并有效地推动和实现区块链技术在供应链金融中的应用与发展。

第八章 │循环产业供应链生态圈构造│

第一节　产业级供应链生态圈设计思路

在设计产业级供应链生态圈时，首先要明确产业供应链的核心目标和需求。为促进循环经济的发展，生态圈应着重资源的高效利用和废弃物的最小化。在此基础上，构建一个包括生产者、供应商、分销商和回收商等多个参与方的协作网络，确保资源和信息的流畅与透明。

一、产业级供应链生态圈的构成要素

产业级供应链生态圈是一个复杂的系统，涉及多个要素。首先，其中的参与主体包括供应商、制造商、分销商、终端用户以及服务提供者等，它们分别在供应链的不同环节负责不同的功能和任务。供应商负责提供必要的原材料和组件，制造商则负责将这些原材料和组件组装成最终产品。分销商将这些产品推向市场，而终端用户则是产品的消费者和使用者。服务提供者为供应链的其他参与主体提供各种支持和服务，如物流、金融和咨询等。

其次，业务流程是指参与主体之间的协作和交互方式，包括采购、生产、销售和服务等基本环节。这些流程需要根据供应链的特点和需求进行设计与优化，以实现高效和协同的运作。技术平台则是支持供应链业务流程运作的基础设施，包括各种信息系统和技术工具。这些平台需要能够处理大量的数据和事务，支持参与主体之间的信息共享和协作，以及提供必要的分析和决策支持。

最后，管理制度和合作机制是供应链运作的规则与约定。管理制度包括供应链的组织结构、管理流程和绩效指标等，而合作机制则包括利益分配、风险共担和决策协调等。这些制度和机制需要能够保障供应链的稳定与可持续发展，以及促进参与主体之间的良好合作。

一个产业级供应链生态圈的构成要素如图 8-1 所示。

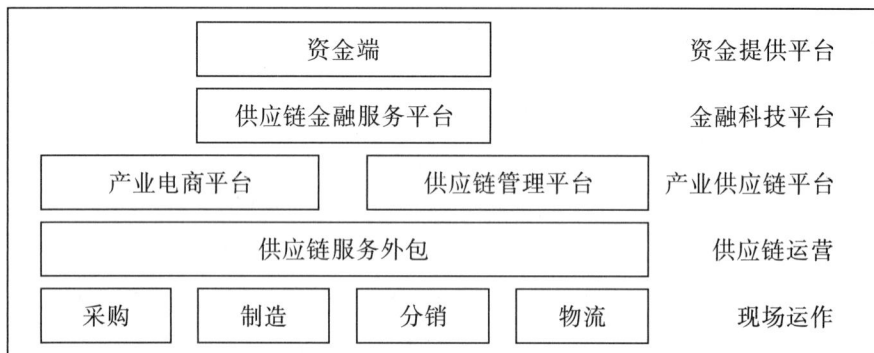

资金端	资金提供平台
供应链金融服务平台	金融科技平台
产业电商平台　　供应链管理平台	产业供应链平台
供应链服务外包	供应链运营
采购　制造　分销　物流	现场运作

图 8-1　产业级供应链生态圈的构成要素

在图 8-1 中，供应链金融服务平台根植于产业电商平台和供应链管理平台的基础之上，其核心技术支持来自金融科技平台。在区块链的架构指导下，该服务平台被设计为一个独立的实体。这种独立性不仅确保了它能高效地与其他平台（如产业电商平台、供应链管理平台，以及各金融机构的业务平台等）协同工作，而且也是出于其作为一个上层结构的必然要求，这使得各类机构能在此平台上协同开展融资业务。

供应链金融服务平台并不直接生成关键资料或验证数据。相反，它通过数据接口或控件方式接收来自其他系统提交的数据。这些数据，经过严格的验证和确认过程，为平台上进行的各种融资业务提供必要的信息和支持。值得注意的是，供应链金融服务平台所保存和处理的所有数据都遵循区块链技术的核心原则与标准。一旦数据被记录在区块链上，就不能被修改或删除。这一特性确保了平台上所有数据的完整性和不可篡改性，为所有参与方提供了一个可信赖的数据基础和参考。此外，区块链技术也支持平台上数据的透明共享和协作，有助于进一步促进各参与方的协同和合作。

通过区块链技术的引入和应用，供应链金融服务平台能够实现数据的安全和可信管理，支持各参与方的协同和融资业务，从而为整个供应链的管理和优化提供了一个有效与可靠的技术支持及平台。

二、产业级供应链生态圈的构建逻辑

产业级供应链生态圈的构建逻辑是其成功实施的关键。首先，需要明确供应链生态圈的目标和定位，这通常是基于对市场需求、产业特点和参与主体能力的深入分析与理解。明确的目标和定位可以为供应链的设计与实施提供明确的方向及标准。

其次，是组织参与主体的过程，它涉及如何识别和选择合适的参与主体，以及如何建立和管理与它们的合作关系。合作关系的建立是基于互利互惠的原则，需要通过详细的谈判和协议来明确各方的权利与义务。在此基础上，设计和优化业务流程是核心环节。高效的业务流程应能够支持参与主体之间的协同工作，以及实现供应链的高效运作。这通常需要对现有的流程进行深入的分析和改进，以适应新的目标和条件。

再次，技术平台的建立和完善是实现高效业务流程的基础。合适的技术平台应能够提供必要的功能和性能，以支持大规模和复杂的供应链运作。这可能需要开发新的系统和工具，或者优化和集成现有的系统和工具。

最后，制定和实施管理制度与合作机制是保障供应链稳定运作的重要措施。这些制度和机制需要能够反映与支持供应链的目标及流程，以及适应参与主体的需求和期望。在实施过程中，还需要对这些制度和机制进行持续的监测与改进，以应对变化的环境和条件。产业级供应链生态圈的构建逻辑如图8-2所示。

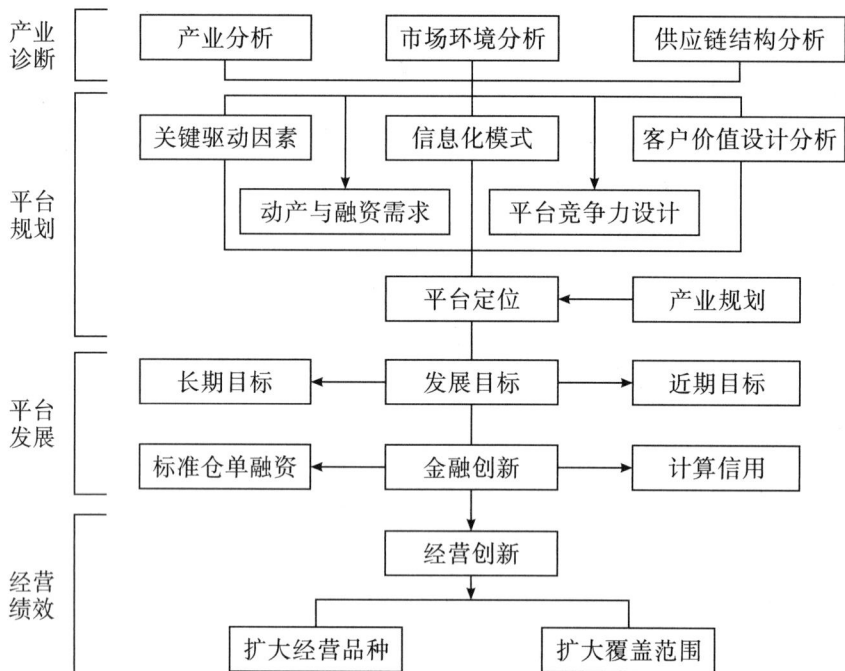

图 8 - 2　产业级供应链生态圈的构建逻辑

　　成立于 2015 年 11 月的"找铅网"由深圳市找铅网电子商务有限公司运营，是一家专注于铅循环再生产业生态圈的产业电商平台。该平台秉持"互联网 + 供应链金融"的核心理念，通过采集全国电动车和汽车经销商需求的移动互联网技术，并结合线下物流仓储配送，实现铅酸电池回收再生流程的"O2O 回收—冶炼—生产—销售"的全信息化管理。这一模式为冶炼厂、电池厂、代理商、销售商及门店等产业链各节点提供在线交易、数据分析、融资等供应链金融和 IT 服务。"找铅网"致力于构建国内领先的铅蓄电池流通和回收体系，推动铅资源无害化再生，同时促进产业绿色可持续发展。依托物联网技术，它确保了再生铅资源在产业链中的无损循环，从而塑造了一个专业的铅蓄电池回收和供应平台。目前，该平台已取得显著的经营效果，并计划未来扩展服务至全产业链，构建社区型、服务高度外包的供应链管理平台，为产业链的多个环节企业提供全程供应链和金融服务。

第二节 铅循环产业供应链生态圈设计

一、生态圈核心价值与结构

铅循环产业供应链生态圈的核心价值在于推动铅资源的无害化再生和循环利用，实现产业的绿色可持续发展。通过高效的供应链管理和技术创新，该生态圈致力于为所有参与者创造持续价值。铅循环产业供应链包括多个核心环节，如回收、冶炼、生产和销售，每个环节都有专业的参与者共同协作，形成一个协同高效的网络结构。

（一）供应链生态圈价值

平台的供应链管理机制是产业级供应链生态圈价值的来源，可以从以下方面进行理解：

（1）产业链协同。产业链协同是指平台内的各参与者，包括供应商、制造商、分销商等，通过高效协作，共同推动产业链的顺畅运作。通过实时数据共享和交流，以及协同计划和执行，参与者能够减少冗余和浪费，提高整体的效率和效益。

（2）产业集群优化与协同。平台通过数据分析和算法支持，对参与者进行有效匹配和组织，形成高度协同的产业集群。这些集群能够集中优势资源，发挥规模效应，进一步提高产业链的竞争力和创新能力。

（3）铅循环产业供应链的服务外包。平台提供一站式的供应链服务，包括采购、生产、分销和金融等，通过服务外包，帮助参与者减轻运营负担，专注核心竞争力的开发。服务外包不仅能提高服务的专业和效率，还能降低成本和风险，为参与者创造更多价值。

（二）铅循环产业供应链结构

1. 供应链结构示意图

铅循环产业供应链结构是一个多层次的网络体系，包括上游的原材料供应、中游的加工生产和下游的产品分销与使用。各层次之间通过信息和物流相互连接与协作，形成一个整体的价值创造和传递过程。铅循环产业供应链结构示意图如图 8-3 所示。其中，核心企业属品牌企业，具有较高的信用，是供应链信用的来源，而其他节点企业的信用与核心企业存在显著的差异。

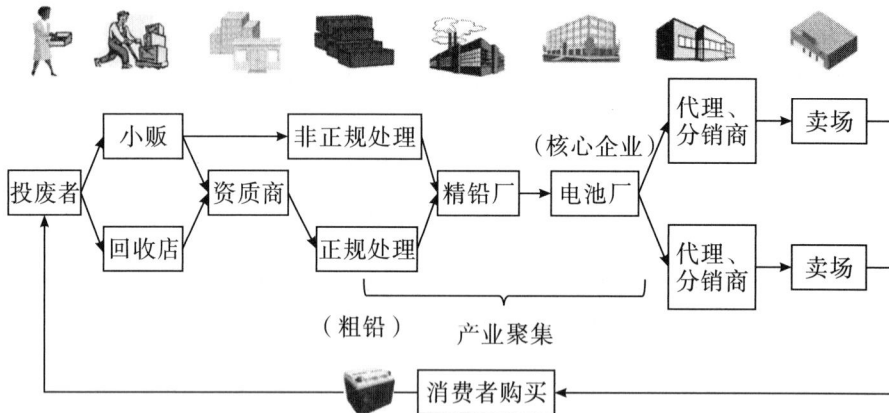

图 8-3　铅循环产业供应链结构示意图

2. 逆向物流的特点

在铅循环产业中，逆向物流起着关键作用。逆向物流是指产品在使用结束后，被回收并送回到生产过程，进行再生和再利用。逆向物流不仅有助于资源的循环利用和环境保护，还能降低原材料成本，提高产业的可持续性。逆向物流的主要特点包括流程复杂、信息不对称和运作难度大，需要通过专业的管理和技术支持，才能实现高效和规范的运作。

二、生态圈客户价值设计与运营

客户价值主要体现为生态圈能为参与者提供便捷、透明和可靠的服务与解决方案，帮助他们优化成本和提高效率，同时也为他们开创新的商业机会和利润增长点。运营过程中可能会遇到多种问题，如供应链的不稳定、数据的不透明和风险的不可控。要系统地分析和解决这些问题，以确保生态圈的稳定和可持续运作。

（一）生态圈客户价值的设计

生态圈客户价值的设计是至关重要的环节。第一，整体供应链成本的降低是生态圈所追求的核心任务。通过提供一站式服务和集成解决方案，生态圈简化了供应链过程，缓解了参与者的运营负担。通过实现采购、生产和分销的协同优化，生态圈进一步降低了存储和物流成本，为参与者创造了经济效益。

第二，金融服务创新也是生态圈提供的核心价值之一。创新的金融产品和服务为参与者提供了多样的融资与投资选项。例如，推出的供应链金融、账款融资和仓储融资等产品，均旨在帮助参与者解决短期资金需求和风险管理问题。

第三，为确保行业的健康和可持续发展，生态圈还积极参与铅回收行业标准和运营标准的制定与推广。这些标准和规范不仅涵盖了产品质量、服务流程和环境保护等方面，还为参与者提供了明确的指导和要求。通过推广和实施这些标准与规范，有助于提升整个行业的水平和信誉。

第四，为了最大化产业链的价值，生态圈通过数据分析和算法优化，实现了资源的高效配置和利用。这一过程涉及匹配供需关系、平衡产能和订单，以及推动技术和管理创新，旨在为参与者创造更多的价值和机会。

第五，生态圈还通过与物联网技术和应用的对接，实现了服务的升级。例如，利用物联网技术进行设备的远程监控和管理，以及数据的实时采集和分析，不仅更好地满足了参与者的需求和期望，还为他们提供了新的创新和协作平台，实现了服务的持续升级和改进。

（二）供应链运营问题分析

铅循环产业链的节点比较多，分为回收端、生产端（精铅厂、电池厂）和销售端。供应链运营的主要问题是环保问题与不确定性。

首先，逆向供应链的起点存在一定的不确定性。由于产品的使用寿命和用户的使用习惯存在差异，导致产品回收时间点不容易预测。这一不确定性给逆向物流的计划和调度带来了困难，增加了运营的复杂性和风险。

其次，回收产品的数量也是一个不确定的因素。用户可能会在不同的时间、地点和数量下进行产品回收，这种不规律的回收行为使得逆向物流的需求预测变得更为困难。为应对数量的不确定性，需要建立灵活和可扩展的逆向物流系统，以适应不同的回收需求和条件。

再次，回收产品的损坏情况及其处理方法也存在不确定性。回收产品的质量和状态是由用户的使用与保养情况决定的，而这些因素是难以控制和预测的。因此，需要制定有效的质量检测和分类标准，以区分不同质量的回收产品，并采取相应的处理和再利用措施。

最后，整个供应链中存在着需求的不确定性。市场需求的变化可能会影响到逆向供应链的运营。在需求下降时期，回收产品的需求会减少，而在需求上升时期，回收产品的需求可能会增加。为了应对需求的不确定性，需要进行精准的需求预测和动态的资源调配，以保证逆向供应链的高效和稳定运作。可见，不确定性对产业链的供应链管理能力提出了更高的要求，在现有核心企业管理不能打通整个产业链的情况下，B2B 电商模式结合供应链管理平台，将成为整合铅循环行业、构建产业供应链生态圈的基础。

三、关键因素、建设策略与发展规划

生态圈规划和建设的成功依赖于多个关键因素，如市场需求、技术条件、参与者合作和政策环境等。要综合考虑和平衡这些因素，制订合适的规划和策略。在确定了关键因素后，需要制定明确的建设策略和发展规划。这些策略和规划应反映生态圈的目标与愿景，指导参与者的行动和合作，以实现共同的成功和发展。

（一）产业级供应链生态圈规划的关键因素

规划产业级供应链生态圈时，满足铅循环产业链中的融资需求是一个关键因素。由于铅循环产业链涉及多个环节，包括原材料采购、加工生产和产品分销等，每个环节都需要稳定和充足的资金支持。为满足这一需求，产业级供应链生态圈需要提供多样的金融服务和产品，包括融资、保险和风险管理等，帮助参与者解决资金和风险问题。

此外，规划时还需要充分考虑铅循环产业的特点和要求。铅循环产业是一个资源密集型产业，对资源的使用效率和环境影响高度敏感。为适应这一特点，产业级供应链生态圈需要推动资源的高效利用和循环，减少浪费和污染。同时，也需要提高产品和服务的质量与可靠性，满足客户的需求和期望。

构建原则也是规划产业级供应链生态圈的关键因素之一。产业级供应链生态圈的构建原则包括开放、协作和创新。开放原则是指生态圈需要对外开放，吸引和接纳多个参与者和合作伙伴。协作原则是指生态圈内的参与者需要通过协作，共同推动生态圈的发展和成功。创新原则是指生态圈需要不断创新，推出新的产品和服务，满足市场的变化和发展。通过遵循这些原则，产业级供应链生态圈能够实现持续的成功和发展。

（二）生态圈建设策略与发展规划

1. 生态圈建设策略

在制定生态圈建设策略时，生态圈的规模是一个需要考虑的重要因素。规模的大小直接影响生态圈的运作方式和效能。选择适当的规模能确保生态圈有效地满足各参与者的需求，同时保持运作的高效和灵活。规模的设定需要基于市场需求、参与者数量和资源可用性等因素进行综合考虑与判断。

平台的核心竞争力也是生态圈建设策略的关键组成部分。核心竞争力是指平台能提供的独特的和具有优势的产品与服务。这些产品和服务不仅需要满足参与者的基本需求，还需要提供附加价值和体验。通过不断创新和优化，平台能够保持和提升其核心竞争力，从而吸引和保留更多的参与者与客户。

同时，为了更好地服务参与者，平台需要实现服务全面化。全面化服务是指平台能提供一系列完整和协同的服务，包括信息、技术、金融和咨询等。通过提供全面化服务，平台能更好地满足参与者的多样和复杂的需求，同时也能创造更多的交易和合作机会。

此外，平台需要成为生态圈的维护者和推动者。作为维护者，平台需要保证生态圈的稳定和可持续运作，处理各种问题和冲突，保护参与者的权益。作为推动者，平台需要积极引导和支持生态圈的发展与创新，提供资源和平台，激励参与者积极活动和贡献。通过承担维护者和推动者的角色，平台能够实现生态圈的长期成功和发展。

2. 生态圈发展规划

发展规划的初期阶段侧重于构建一个数字化和线上化的平台。这一平台的目标是将线下的铅循环产业生态圈转化为一个线上的网络平台，以提高其效率和透明度。通过数字化，生态圈中的各个参与者可以更轻松地互相连接和协作，同时也可以更方便地访问和共享信息与资源。线上平台不仅可以简化交易和服务的流程，还可以拓宽生态圈的覆盖范围和影响力。

此外，发展规划还需要加强后台数据分析的能力以支撑服务平台的运作。通过数据分析，平台可以更准确地理解和预测参与者的需求与行为，从而提供更个性化和高效的服务。数据分析还可以帮助平台发现和把握市场的变化与趋势，及时调整和优化服务与策略。强大的数据分析能力是平台提高竞争力和创新力的关键因素。

最终阶段的发展规划是实现平台服务的全面云端化。通过云端化，平台可以提供更灵活和可扩展的服务，满足不同参与者的多样需求。云端化服务平台可以实现资源的最优分配和利用，降低服务的成本和风险。同时，云端化还可以提高平台服务的可靠性和安全性，保障参与者的数据和交易安全。通过实现数字化、强化数据分析能力和全面云端化，发展规划旨在构建一个高效、创新和可持续的铅循环产业生态圈。

四、生态圈发展对策分析

对于生态圈的持续发展，需要进行深入的对策分析和规划。分析应基于对市场、技术和政策等外部环境的准确把握，以及对参与者需求和期望的深入理解。在此基础上，制定和实施一系列有效的对策与措施，以推动生态圈的持续创新和改进，实现其长期的价值和影响。通过对以上内容进行分析，可以得到该项目的对策选择矩阵，如表 8 - 1 所示。

表 8 - 1 对策选择矩阵

	优势（S）	劣势（W）
	SO	**WO**
机会（O）	（1）利用国家及地方倡导发展再生铅、环境保护等方面的政策，迅速导入项目，快速进行分期建设。 （2）从线上、线下平台两方面共同发展，创新移动互联应用，构建多维度、多渠道创新的供应链运营模式。 （3）充分发挥资本方的品牌优势和资本优势，强化品牌形象，统一企业标识，加速推进重点地区的回收布局。 （4）借鉴国外发展经验，注重内在的差异化发展，不打价格战，不破坏行业生态，成功打造让多数参与者受益的生态模式。 （5）引入其他战略级的资本方，配置项目发展所需的关键战略资源。	（1）充分借鉴国内其他类似或相近的产业电商平台的成功经验，同时结合铅循环行业的实际情况，以发展项目的核心竞争力为优先目标。 （2）在项目的运营过程中，注意平衡营利性服务与非营利性服务内容，引导产业的培育、发展与成熟阶段的发展模式；控制项目风险，使资本方获得合理的回报。 （3）为实现创新性运营，引入高水平的营销与咨询团队，建立起点高、标准化的运营系统。 （4）加强与上游产业集群区的合作，快速发展产业整合业务。
	ST	**WT**
威胁（T）	（1）利用项目的优势，发展共赢的交易模式，避免与小贩进行激烈的竞争。 （2）以市场信息来引导旧电池回收的正规化，并充分利用价格机制发挥其重要的导向作用。 （3）利用雄厚的资金优势与该项目的地区影响力，收购并整合行业优质资源，深化与重组铅循环产业链，快速推进有序竞争。	（1）明确业务重心、回收模式，并形成稳定的利益来源，保证收入的稳定性，稳中求胜。 （2）部分功能模块在需要专业能力的情况下，切忌轻率冒进，可分阶段实施，边做边摸索经验。 （3）利用国家的各项支持政策。 （4）引入"期货交易"机制，减少价格波动风险。

第三节　找铅网核心功能与系统结构

找铅网以"运营标准、数据管理、金融管理"为核心功能，基于跨企业、分布式业务流程实现商业自动化，同时实现流程模块化、模块标准化，使得企业间的连接、用户的操作更加方便并减少操作失误，实现高效率的流程协同和信息集成。

在找铅网的核心功能中，运营标准占据重要的位置。运营标准为找铅网提供了一套明确、系统的运作准则，保障了平台业务流程的顺畅与规范。这些标准详细描述了业务操作的具体步骤和要求，为平台的各个环节提供了清晰的指导。通过遵循这些运营标准，找铅网能确保提供高效且一致的服务，满足用户的需求和期望，同时也有助于降低运营风险和提升管理效率。

此外，数据管理也是找铅网的核心功能之一。通过高效的数据管理，找铅网能够收集、整理和分析大量的业务数据，支持平台的决策和操作。数据管理不仅涉及数据的存储和保护，还包括数据的处理和分析。通过数据管理，找铅网能更好地了解用户的需求和行为，提升服务的准确性和针对性。强大的数据管理功能也支持找铅网进行市场分析和预测，为平台的发展和创新提供了重要的信息与洞察。

关于找铅网的系统结构，它是以用户需求为导向，构建了一个完善的系统架构。该架构涵盖了所有核心功能，包括运营标准和数据管理，为平台的运作提供了稳固的基础。通过高度模块化的设计，找铅网的系统结构支持平台快速适应变化和进行扩展。每个模块都负责一个特定的功能或服务，但可以与其他模块协同工作，实现平台的整体目标和任务。这样的系统结构不仅增强了平台的灵活性和可维护性，也提高了平台的可靠性和性能。

一、运营标准

运营标准是找铅网核心功能的基石，为整个平台提供了一个坚实的基础和明确的方向。它确保了业务流程的一致性和标准化，使得平台能够以高效、可靠的方式满足用户需求和期望。

运营标准主要包括一系列详细的操作规程和政策，涉及平台上每一个重要的业务环节。这些标准旨在简化和明确工作流程，减少混乱和误解，同时也为员工和用户提供了一个清晰的参考与指导。通过遵循运营标准，平台的各个部分能够协同工作，共同为用户创造价值。

此外，运营标准还包括一系列的质量和性能标准，这些标准确保了平台服务的高品质和可靠性。通过不断地监测和改进，找铅网能够持续满足这些标准，从而保持其在市场上的竞争力和领导地位。

值得注意的是，运营标准不是一成不变的。随着市场和技术的变化，找铅网会定期更新和完善其运营标准，以适应新的环境和挑战。通过持续的学习和改进，找铅网能够保持其运营标准的先进性和实用性，从而更好地服务其用户和合作伙伴。

二、数据管理

数据管理作为找铅网的另一核心功能，对平台的运作和发展具有至关重要的作用。数据管理功能致力于高效、准确地收集、存储、处理和分析平台上产生的各类数据，为平台的决策与运营提供强有力的数据支持。

首先，有效的数据管理系统能促进信息的透明与准确流通。系统不仅需收集与整理相关的业务数据，还要对其进行准确的解读和分析。这一过程对于理解用户需求、行为模式以及市场趋势具有极高的价值，从而使平台能更精准地提供个性化服务和解决方案，满足用户的具体需求。

其次，数据管理在保障数据安全与隐私方面起到关键作用。通过设定严格的数据安全政策和协议，确保用户数据的完整性和保密性，防止数据泄露或者未经授权的访问和使用。同时，合规的数据管理还能确保找铅网的操作遵循相关的法律和规定，避免因数据管理不当而产生的法律风险。

最后，数据管理通过持续的数据监测和分析，为平台的持续改进和创新提供依据。数据分析结果能够揭示平台运作中的瓶颈和问题，指导平台进行必要的优化和改进，从而持续提升用户体验和满意度。

综上所述，数据管理作为找铅网的核心功能，不仅保障了平台的平稳运作，还为平台的长期发展和创新提供了必要的信息与支持。通过精细和智能的数据管理，找铅网能更好地理解和服务其用户，同时也能更有效地应对市场和业务的变化与挑战。

三、系统结构

找铅网系统结构的设计和实现首先需认识与响应铅循环产业的关键驱动因素。这些驱动因素包括产业的特定需求、市场的动态变化，以及行业内外部环境的影响等。理解这些驱动因素是确保找铅网平台能有效服务于铅循环产业，同时促进产业的健康和可持续发展的前提。

平台的关键目标则是其发展和运营的指导原则。找铅网旨在通过提供高效、可靠的线上服务和解决方案，满足铅循环产业链中各参与者的多样化需求。此外，平台还注重创新和持续改进，通过引入新技术和模式，持续提升平台的核心竞争力和市场地位。

至于技术结构，找铅网采用了先进、稳定的技术框架和工具来支持其业务运作。该技术结构不仅能够处理大量的数据和交易，还能支持多种服务和应用的开发与部署。此外，通过采用模块化和可扩展的设计，找铅网的技术结构能够快速适应和响应市场与业务的变化，支持平台的长期发展和创新。具体来看，技术结构涵盖了前端的用户界面、后端的业务逻辑处理，以及数据存储和分析等多个层面，每个层面都有专门的技术和工具来保障其高效与稳定的运作。

综合上述因素，找铅网系统结构通过对铅循环产业关键驱动因素的理解，明确平台目标，以及采用稳定先进的技术结构，共同构成了一个强大、灵活的平台，旨在更好地服务铅循环产业，并推动其向前发展。

第四节　"区块链＋供应链金融" 的应用创新

传统线下现货交易通常依赖第三方信用中介来确保交易的可信赖性。然而，这一模式在实践中还是遭遇了许多难题，尤其是在线上融资审查和审批环节。对线下资产交易的真实性以及流转单据的有效性进行迅速且有效的审查是一大挑战，这不仅涉及风险控制和合规性的问题，还需要投入大量人力，且很难保证融资的时效性。

一、"区块链 + 供应链金融"解决方案

为应对这些问题，我们引入了"区块链 + 供应链金融"解决方案。通过整合区块链技术和供应链金融，可以实现交易和融资过程的透明化与信任性，降低交易和融资的风险与成本。区块链的分布式账本特性确保了数据的不可篡改性和可追溯性，为交易和融资提供了可信赖的数据基础。

铅循环产业中的资产交易在不安全环境下进行，带来了显著的风险和挑战。在此环境中，区块链技术成为一种宝贵的工具，它可以为产业中的金融服务与金融创新提供多方面的支持，以确保交易的真实性和安全性，同时也大大降低了操作成本。

首先，区块链技术提供了一种可靠的数字存证服务，用于证明交易的真实性。通过区块链，所有交易的详细信息都将被记录在一个不可篡改的分布式账本上，每一笔交易都可以被准确地追溯和验证。这种数字存证服务不仅增加了交易的透明度，还为交易双方和其他利益相关者提供了一个可靠的真实性证明，这是通过传统方式无法实现的。

其次，区块链技术增强了交易的安全性。交易的每一环节都在区块链上进行，这意味着所有交易都受到加密和分布式网络的保护，这几乎消除了数据篡改和欺诈的风险。此外，区块链技术的使用也简化了交易过程，减少了人为错误和延迟，从而进一步增强了交易的安全性。

最后，采用区块链技术还可以简化线下业务审核的复杂性。通过利用区块链为应收账款和其他金融工具提供存证服务，审计过程变得更为简单和快速。这种技术减少了重复的单证审查，使交易成本下降，同时还保持了金融服务的严谨性和合规性。

综上所述，区块链技术为铅循环产业中的资产交易提供了一种有效的解决方案，确保了交易的真实性和安全性，同时也简化了交易和审计过程，降低了成本。这些优势使区块链技术成为铅循环产业金融服务和创新的有力支持。

二、"区块链 + 电子仓单"交易平台

"区块链 + 电子仓单"交易平台是一个创新性的交易环境，有效地整合了区块链技术和电子仓单的优势，为铅循环产业提供了一个更加安全、高效

和透明的交易平台。

首先，通过采用区块链技术，平台确保了电子仓单的真实性和不可篡改性。每一个仓单在生成时都会被记录在区块链上，其所有的流转和变更信息也会实时更新，这为市场参与者提供了一个可靠的信息来源和真实性验证工具。通过这种方式，交易双方可以更加信任对方，降低交易风险，同时也为金融机构提供了更加可靠的融资抵押品。

其次，利用"区块链＋电子仓单"平台可以简化交易流程，提高交易效率。传统的仓单交易通常涉及多个参与者和复杂的手续，而区块链技术通过自动化和智能合约可以大大简化这一流程。交易双方可以直接在平台上进行交易，无须经过多个中介，交易确认和结算也可以实时完成，大大提高了交易的速度和效率。

最后，平台还为参与者提供了一个透明和可追溯的交易环境。所有的交易信息都记录在区块链上，任何授权的参与者都可以查看交易的详细信息和历史记录。这增加了市场的透明度，帮助参与者更好地了解市场动态和风险，也为监管机构提供了一个有效的监管工具。

区块链平台的去中心化特点减少了交易中介的数量，从而显著降低了交易成本。此外，自动化的交易流程也减轻了人工操作的负担，进一步降低了交易的总成本。区块链的分布式和加密特性为电子仓单交易提供了额外的安全保障。每一笔交易都要经过网络中多数节点的验证，这几乎消除了单点故障和篡改的风险。电子仓单的每一次交易都被区块链永久记录，形成了一个完整的、不可更改的交易历史。这一历史记录可以作为法律纠纷时的有力证据，保障了参与者的合法权益。区块链提供了一种实时、透明的数据共享机制，有助于监管机构更有效地监控市场动态和风险。透明的交易数据也为市场监管提供了更多的信息和工具，帮助它们更好地维护市场的稳定和公平。

通过整合以上各项优势，"区块链＋电子仓单"交易模式为铅循环产业的健康、可持续发展提供了有力支持，也为相关市场参与者带来了实实在在的利益。

三、"区块链＋再生铅标准仓单"质押融资

"区块链＋再生铅标准仓单"的模式通过引入区块链技术，对再生铅交易模式和交易流程进行了创新性的改造，进而突显了标准仓单在融资中作为

流通性良好资产的明显优势。

（1）增强信任机制。区块链技术的引入提供了一个去中心化、不可篡改的交易记录系统，为交易参与方创造了一个增强信任的环境。这种信任机制降低了交易风险，使标准仓单成为更可靠的融资工具。

（2）流动性增强。由于区块链技术的透明性和信任度，标准仓单的接受度和流动性得到了显著提升。企业可以更容易地将持有的标准仓单用于融资，增加了企业的资金流动性。

（3）简化交易流程。区块链技术和智能合约的结合可以自动执行与确认交易，简化了仓单质押融资的整个流程。这不仅减轻了企业的操作负担，还加快了融资的速度，提高了整个市场的效率。

（4）实时数据跟踪。区块链允许实时跟踪仓单的状态和交易记录，金融机构和企业可以实时了解仓单的流转情况与市场状态，为决策提供了及时和准确的数据支持。

（5）风险控制。区块链的透明性使得金融机构可以更好地评估和控制质押融资的风险。机构可以基于准确的数据分析和风险评估模型，作出更为合理的融资决策，降低不良贷款的风险。

综合来看，"区块链＋再生铅标准仓单"通过区块链技术改造了传统的再生铅交易模式和流程，实现了标准仓单在融资中的优势，为企业提供了更为便利和高效的融资服务。其形成过程如图 8－4 所示。

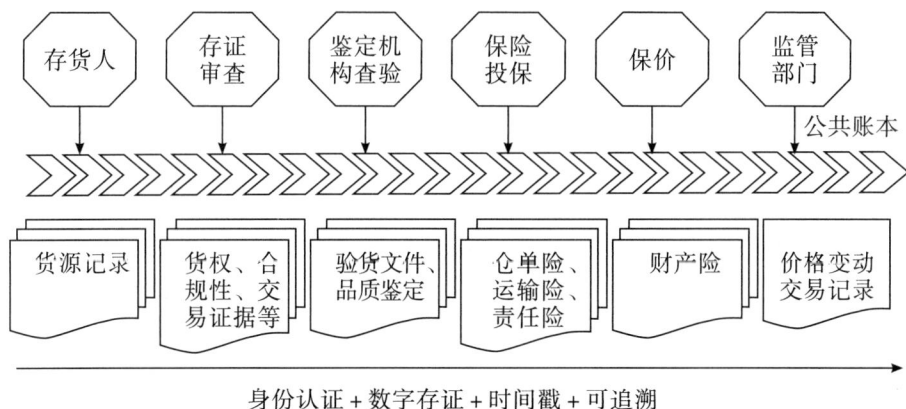

图 8－4　"区块链＋再生铅标准仓单"的形成过程

通过综合研究分析，可以明确地认识到区块链技术在供应链金融领域具有显著的应用价值和潜力。在多个机构共同监督管理的场景中，该技术实施了一种高度透明和可验证的交易机制，显著降低了暗箱操作和违规行为的可能性。

区块链技术的引入确保了交易活动的完全透明性和追溯性。在这一环境下，每一个交易都是公开的，每一个参与者的行为都受到其他参与者的监督。这样的交易环境促使各交易主体保持高度的诚信和规范行为，因为任何违规操作都将被立即发现并受到惩罚。在这种制度下，信用度高的参与者将获得更多的市场认可和优势，而信用度低的参与者将被市场淘汰。

此外，持续性的交易行为和信用体系的建立使得每一笔交易的真实性与合规性不再需要通过烦琐的程序来验证及确认。相互信任的交易双方可以简化交易流程，提高交易效率，迅速完成交易。这一"信用自证"和"信用自增"的机制是传统信息技术和交易模式无法实现的。

区块链技术的本质是一种新型的治理和协调机制。它不仅是一种技术，还是一种制度和文化。它旨在通过技术手段抑制人性的贪婪和短视，促使人们在交易中遵循公正、客观和诚实的原则。这一制度和文化的建立为商业活动提供了一个健康与可持续发展的环境。

历史的经验表明，只有在良好的制度和文化的引导下，人们才能在商业活动中表现出高度的诚信和责任心，构建一种稳定、和谐的商业文明。相反，如果缺乏有效的制度和文化约束，人们容易在商业活动中追求短期利益，忽视长期责任和道德，从而导致金融危机和社会不稳定。

综上所述，区块链技术为供应链金融提供了一种新型的治理与协调机制，有助于构建一个公正、透明和高效的交易环境，促进供应链金融的健康和可持续发展。这一技术的成功应用为供应链金融领域的未来发展提供了有益的启示和指导。

参考文献

[1] 李冰琨. "区块链+存货质押"的供应链金融创新发展研究 [J]. 会计之友, 2022 (5).

[2] 马永仁. 区块链技术原理及应用 [M]. 北京：中国铁道出版社, 2019.

[3] 欧阳柳. 区块链技术在供应链金融中的应用研究 [D]. 武汉：湖北工业大学, 2020.

[4] 黄云碧. 物流与供应链管理 [M]. 北京：电子工业出版社, 2010.

[5] 唐剑冰. 区块链技术在供应链金融应用的思考 [J]. 区域金融研究, 2018 (8).

[6] 王熠珏. 区块链信息服务提供者的刑事责任研究 [J]. 中国刑事法杂志, 2020 (6).

[7] 张浩冉. 区块链技术在供应链金融领域的应用场景分析 [D]. 南昌：江西财经大学, 2020.

[8] 吴科. 供应链金融 [M]. 南京：东南大学出版社, 2020.

[9] 林楠. 基于区块链技术的供应链金融模式创新研究 [J]. 新金融, 2019 (4).

[10] 金融. 区块链技术在中小企业跨境融资的应用研究：以跨境金融区块链服务平台为例 [D]. 南昌：江西财经大学, 2021.

[11] 袁煜明. 区块链技术进阶指南 [M]. 北京：机械工业出版社, 2020.

[12] 黄祥正. 基于核心企业信用资源的供应链金融融资模式研究：以浙江网信数码销易达业务为例 [J]. 金融国际, 2013 (7).

[13] 刘畅. 区块链技术在供应链金融中的应用研究：以怡亚通公司宇商金挖平台为例 [D]. 蚌埠：安徽财经大学, 2021.

[14] 董春雨，李守伟，张瑞彬. 基于知识图谱的区块链与供应链金融融合研究 [J]. 财会月刊，2022 (4).

[15] 张波. 国外区块链技术的运用情况及相关启示 [J]. 金融科技时代，2016 (5).

[16] 陈皎. 基于区块链技术的供应链金融服务优化研究 [D]. 广州：广东财经大学，2019.

[17] 熊健，刘乔. 区块链技术原理及应用 [M]. 合肥：合肥工业大学出版社，2018.

[18] 谢辉，王健. 区块链技术及其应用研究 [J]. 信息网络安全，2016 (9).

[19] 陈胜. 区块链技术在供应链金融业务中的应用研究：以小米金融供应链金融业务为例 [D]. 保定：河北金融学院，2021.

[20] 李赫，何广锋. 区块链技术：金融应用实践 [M]. 北京：北京航空航天大学出版社，2017.

[21] 王雁鹏. 区块链技术解析与应用评估 [J]. 金融科技时代，2018 (7).

[22] 章建赛. 基于区块链技术的信用治理研究 [D]. 北京：北京邮电大学，2021.

[23] 叶良，刘维岗. 大数据支撑下的区块链技术研究 [M]. 西安：西北工业大学出版社，2019.

[24] 张雪莲，蒋贵斌. 区块链技术在金融创新中的运用探索 [J]. 时代金融，2018 (30).

[25] 毛德操. 区块链技术 [M]. 杭州：浙江大学出版社，2019.

[26] 李鑫. 基于区块链的供应链金融信任机制与应用研究 [D]. 济南：齐鲁工业大学，2021.

[27] 刘百祥，阚海斌. 区块链技术基础与实践 [M]. 上海：复旦大学出版社，2020.

[28] 马小峰，杜明晓，余文兵，等. 基于区块链的供应链金融服务平台 [J]. 大数据，2018，4 (1).

[29] 蔡亮，李启雷，梁秀波. 区块链技术进阶与实战 [M]. 北京：人民邮电出版社，2018.

[30] 吴梦蝶. 区块链在应收账款融资中的应用研究：以易见区块为例 [D]. 保定：河北大学，2021.

［31］杨慧琴，孙磊，赵西超. 基于区块链技术的互信共赢型供应链信息平台构建［J］. 科技进步与对策，2018，35（5）.

［32］刘鑫. 区块链技术化减供应链金融风险的研究：以飞洛供应链金融服务平台以例［D］. 保定：河北金融学院，2021.

［33］缪兴锋. 区块链技术应用实务［M］. 北京：中国人民大学出版社，2020.

［34］音长丰. 区块链技术在供应链金融中的应用研究［D］. 合肥：安徽建筑大学，2021.

［35］谭粤飞，陈新，程宇. 区块链技术基础教程［M］. 沈阳：东北财经大学出版社，2020.

后 记

随着区块链技术的发展，各国的区块链创业公司致力于大数据、人工智能、物联网等领域的联合创新。区块链技术作为一种新型技术能够重新定义金融产业。供应链金融、区块链技术结合在一起，不仅仅是区块链技术应用的关键一步，还是供应链金融转型升级的重要举措。因此，人们必须综合考虑区块链技术、供应链金融风险的特点以及影响机理，深入了解区块链技术在供应链风险管理中的职能作用，使供应链金融为实体经济的发展做出更大的贡献。

"投我以木桃，报之以琼瑶"，特别感谢广州番禺职业技术学院王祥兵教授、梁穗东博士对本书的贡献。同时，本书系广州番禺职业技术学院校级重点项目创新创业专项（2021CY01）"基于产业学院平台金融 1 + X 证书推广的专创融合教育研究"课题成果。感谢广州番禺职业技术学院财经学院院长、国家"万人计划"教学名师杨则文教授为本书的出版提供了经费支持。

本书引用了大量文献资料，在此对资料的作者表示由衷的感谢。由于笔者水平有限，书中难免存在不足之处，希望各位专家、同行多多指正。

杜连雄
2024 年 1 月